中国名镇志文化工程
Culture Project of Local Records of China's Famous Towns
中 国 名 镇 志 丛 书

U0816026

# 古现街道志

LOCAL RECORDS OF GUXIAN SUB-DISTRICT

山东省烟台经济技术开发区古现街道志编纂委员会　编

方志出版社
Publishing House of Local Records

**图书在版编目（CIP）数据**

古现街道志 / 山东省烟台经济技术开发区古现街道志编纂委员会编 .—北京：方志出版社，2022.9
（中国名镇志丛书）
ISBN 978-7-5144-4996-9

Ⅰ.①古… Ⅱ.①山… Ⅲ.①区（城市）—地方志—烟台 Ⅳ.① K295.25

中国版本图书馆 CIP 数据核字（2022）第 058704 号

责任编辑：程倩
责任校对：刘玉霞
责任印制：赵楚
出 版 者：方志出版社
地　　址：北京市朝阳区潘家园东里 9 号（国家方志馆 4 层）
邮　　编：100021
网　　址：http://www.zgfzcb.cn
发　　行：方志出版社图书营销中心（010-67110500）
印　　刷：北京中科印刷有限公司
开　　本：787 毫米 ×1092 毫米　1/16
印　　张：15.25
字　　数：310 千字
版　　次：2022 年 9 月第 1 版
印　　次：2022 年 9 月第 1 次印刷
定　　价：125.00 元

·版权所有　翻印必究·

（如有印装质量问题，请与我社图书营销中心联系）

# 序一

习近平总书记指出："不忘历史才能开辟未来，善于继承才能善于创新……只有坚持从历史走向未来，从延续民族文化血脉中开拓前进，我们才能做好今天的事业。"中国优秀传统文化是在漫长的历史长河中历经无数次涤荡和沉淀而形成的思想精髓，蕴藏着无穷的宝藏和无尽的力量。发掘和继承优秀传统文化，是延续中华文明"根"与"魂"的必由之路。与时俱进，推动传统文化不断开拓创新，是中华文明常葆勃勃生机的重要保证。

"国有史，邑有志。"编修地方志是中国特有的文化现象，是中华民族的优秀文化传统。数千年来，连绵不断的志书编修为保护中华民族根脉，传承中华文明发挥了不可替代的作用。中国现存古志有 8000 余种，占现存古籍的十分之一。中华人民共和国成立以来，编修完成数万种省、市、县三级综合性行政区域志、部门志、行业志、专志等，编纂数万种地方综合年鉴、行业年鉴和专门年鉴等，整理出版数千种历代方志及相关研究成果，发表相当数量的方志理论与年鉴理论研究成果。这既是对我国国情、地情持续开展的大规模普遍调查，也是对各地自然与社会发展状况进行的综合研究，其成果构成了一座丰富的文化资源宝藏，为各级领导科学决策提供了重要参考，为推动经济社会发展和文化建设发挥了重要作用。

当前，中国特色社会主义进入新时代，全国地方志事业也进入新时代。如今的地方志事业围绕党和国家利益、经济社会发展，以人民为中心开拓创新，志、鉴、馆、史"四驾马车"并驾齐驱，志、鉴、馆、网、库、用、会、刊、研、史"十业并举"，加快实现在全国范围内全面推进地方志从一项工作向一项事业转型升级。在党中央、国务院的亲切关怀和各级地方志工作者的共同努力下，一批紧密结合社会发展需求、具有独特创造性的工作逐步开展，涵盖中国名镇志、中国名村志、中国名山志、中国名水志、中国名街志等"名志"系列文化工程是其中代表。作为首个"名志"系列文化工程的中国名镇志文化工程，启动于 2015 年，至今已是第三个年头。中国名镇志丛书在记述主体上，选择中国历史文化名镇、经济强镇、特色镇等在全国具有影响力和代表性的乡镇，旨在全面展示中国名镇的文化精髓；在内容题材选择上，重在突出不同名镇的“名”和“特”，力求集中体现不同名镇最精彩的部分，增强可读性；在志书编纂程序设置方面，志书申报、篇目设计、专家审读、专家组验收等流程环环相扣，紧密结合，力争把每一部志书都打造成精品佳志。

习近平总书记指出：“历史和现实都表明，一个抛弃了或者背叛了自己历史文化的民族，不仅不可能发展起来，而且很可能上演一场历史悲剧。”2018 年是改革开放 40 周年，40 年来中华大地发生了翻天覆地的变化，乡镇发生了极为深刻的改变，从粗茶淡饭到有机食品，从粗布衣裙到精美时装，从土屋平房到高楼大厦，人民生活水平大大提高，城乡差距不断缩小。然而，在感受辉煌成就的同时，我们也应该看到，许多精巧的古建、精湛的工艺、亲切的乡音、独特的乡俗也在快节奏的发展中与我们渐行渐远，曾经的家乡正逐渐变为记忆中的故园。

党的十九大报告提出乡村振兴战略，此后党中央、国务院又推出一系列重大举措。实施乡村振兴战略，必须全面加强乡村文化建设，培养乡村文化自信，培植文化之“根”，铸牢文化之“魂”。没有乡村文化的高度自信，没有乡村文化的繁荣发展，就难以实现乡村振兴的伟大使命。振兴乡村文化，既要塑形，更要铸魂，必须遵循乡村发展的客观规律，在发展中把文化的精髓保留下来，把乡土味道、乡村风貌的“魂”传承下去。在保留优秀乡村文化内核的基础上，用现代表现方式，把反映时代精神、先进理念的内容通过群众喜闻乐见的文化产品表达出来，才能够让乡土文化具有更强大的生命力。用创新性的模式书写乡镇志，传承和抢救乡土历史文化，激发爱国爱乡情怀，为探索中国特色新型城镇化发展经验、发展模式、发展道路提供历史智慧和现实借鉴，正是实施中国名镇志文化工程的目的和意义所在。

“月是故乡明”。中国人素有“家国情怀”，家乡的山水是最为美丽的，家乡的风俗是充满温暖的，一声亲切的乡音，一口熟悉的家乡菜，都能拨动游子的心弦，让其魂牵梦萦。中国名镇志丛书是一套全面梳理中国名镇历史人文，挖掘文化特色，突出“名”和“特”的镇志。它能让人民群众深刻感受到本土本乡自然的优美、历史的醇厚、人物的杰出、艺文的风雅等，有助于培养人民群众对家乡文化的自信，激发起人民群众浓烈的爱乡爱国情怀，助力国家新型城镇化建设和乡村振兴战略的实施。

是为序。

中国社会科学院原院长
中国地方志指导小组原组长　谢伏瞻

# 序二

连绵不断地编修地方志是我国特有的文化传统，为传承中华文明作出了巨大的贡献。在党中央、国务院的高度重视和支持下，这一古老的文化传统焕发勃勃生机，展现新的活力，成为保存、继承、发扬光大中华优秀传统文化的重要依托，培育和践行社会主义核心价值观的重要媒介，社会主义先进文化建设的重要组成部分，发展中国特色社会主义，增强道路自信、制度自信、理论自信的重要载体，在实现“两个一百年”奋斗目标和中华民族伟大复兴中国梦进程中具有不可替代的地位和作用。

事物总是在不断发展中前进。经过改革开放以来30余年的发展，中国特色地方志事业与传统的编修地方志已不可同日而语，形成了志（志书）、鉴（年鉴）、库（地情数据库）、馆（方志馆）、网（地情网站）、刊（期刊）、会（学会）、研（理论研究）、用（开发利用）等多业并举的新格局。截至2015年10月底，全国编纂完成首轮、二轮省、市、县志书8000多种，编修部门志、行业志、专业志、乡镇村志27000多种，编纂地方综合年鉴2300多种，累计整理旧志2500多种，还编纂出版了大量的地情书，字数以百亿计，形成以反映国情、地情为主要内容，全面系统、持续不断、卷帙浩繁的社会科学成果群。另外，还开通了27个省级网站、230个市级网站、816个县级网站；建成国家方志馆1个、省级方志馆16个、市级方志馆86个、县级方志馆近300个。这些成果，成为国家极为重要的文化资源，是国家文化软实力和公共文化服务体系的重要组成部分。

最近几年，地方志工作的触角在不断延伸，部门志、行业志、专业志、特色志、乡镇村志编纂方兴未艾，成为当前地方志事业发展新的增长点和亮点。特别是乡镇志，兴起了编纂热潮，从自发的民间行为逐渐过渡为政府组织的文化行为，有的省份以政府令形式将其纳入地方志编修范畴，像河南省还以省政府办公厅名义要求全省普修乡镇志。乡镇志并不是一个新生事物，据现有资料可考，宋代常棠所撰《澉水志》是现存最早的一部乡镇志。与省、市、县三级志书相比，乡镇志虽属小志，但意义却不小，特别是在当前国家全力推进新型城镇化建设的背景下，乡镇志的作用更显重要。

启动中国名镇志文化工程，是适应当前新型城镇化建设形势发展需要、地方志事业发展形势需要的重要举措，也是充分发挥地方志存史、资政、育人功能的重要手段。作为最基层行政组织的志书，镇志是最接近中国社会发展变迁的国情、地情记录文本，具有重要的历史文献价值。而作为充分反映本区域自然、政治、经济、文化和社会的历史与现状的资料性文献，镇志又能全面展示发展脉络，摸索发展经验，为探索中国乡镇未来发展方向提供借鉴和参考。当然，对于祖祖辈辈生于斯长于斯的中国人来说，故乡就是一个魂牵梦萦的地方，故乡的情怀终生难忘。留得住乡愁，记得住乡思，充分展示名镇文化魅力，激发爱乡、爱国情怀，正是中国名镇志文化工程题中应有之义。

是为序。

中国社会科学院原院长
中国地方志指导小组原组长　王伟光

# 序三

“国有史，邑有志”，中国自古就有注重编史修志的传统。按照我国目前地方志行政法规，国家各级地方志机构的法定职责是编纂省、市、县三级志书，并不包括县以下的乡镇志和村志。这种规定，一方面可能因为全国有数百万自然村落和数万乡镇，全部实行官修很难实现；另一方面可能因为我国历史上就有“皇权止于县”的说法，县以下的民间社会历来是一个以自治为主的领域。然而，改革开放几十年来，我国社会正在发生巨变，这种巨变在基层社会的乡镇、村落、家庭领域更为深刻。作为“乡之首，城之尾”的镇，逐渐被日益崛起的大都市淹没了光彩，村落在快速的城镇化过程中每天都在大量消失，农村家庭的小型化、空巢化趋势非常突出。在这种情况下，我一直在思考，如何留得住历史文化记忆和乡愁，如何把修志的工作向基层社会延伸？

中国人的“家国情怀”，是从“诚意、正心、修身”开始，到实现“齐家、治国、平天下”。所以从国家一统志，省、市、县三级志，到乡镇志、村志、家谱，也是一个完整的系统。

正是在这种背景下，我们决定启动中国名镇志文化工程。乡镇是无数中国人生命的底色和成长的摇篮。如何在城镇化进程中，留得住乡愁，记得住乡音，忘不了乡思，事关城镇化进程的人文关怀和文化保护，事关文化血脉的传承。同时，科学记录城镇化进程，反映城镇化成就，也为今后探索城镇化发展规律、积累经验提供了基本素材。作为全面系统记述一定行政区域的自然、政治、经济、文化和社会的资料性文献，志书是以上功能最好的载体。

我国目前有 4 万多个乡镇，全部修乡镇志还不具备条件。中国名镇志丛书选择的是传统文化名镇、历史军事重镇、革命历史名镇、民族特色名镇、特色经济名镇、旅游景观名镇等类型的乡镇，应该是最具代表性的，在中国乡镇文化传承和社会发展中具有标杆意义。

编纂中国名镇志丛书是对乡土历史文化的保护。随着城镇化进程加快，有不少乡镇被撤并，有些还是在历史上有重要意义的历史文化名镇、特色镇等。如不及时对其历史进行整理、记录，这些重要的历史资料将散佚殆尽。因此，中国名镇志丛书的编纂是对宝贵历史资料的抢救。

编纂中国名镇志丛书是对乡土意识的传承。什么东西有魅力？故乡的山水，乡音乡情的记忆，乡土的气息和家乡菜的味道，不管走到哪里，总是触动心弦。中国名镇志丛书记录的是家乡的山山水水，家乡的历史文化，家乡的风土人情，留住的是乡愁。这些最能激发远方游子和本地民众的爱乡情怀、爱国情怀。

编纂中国名镇志丛书是一种学术探索。镇志的编纂，实质也是一次深入的社会调查研究。“麻雀虽小五脏俱全”，相比省、市、县，乡镇第一手资料的获得需要付出更大的努力。我们也希望在志书编纂上有所创新，使中国名镇志丛书成为一套图文并茂、雅俗共赏的新型志书。

中国社会科学院原副院长
中国地方志指导小组原常务副组长
李培林

## 中国名镇志丛书编纂委员会


**主　　任**　高　翔

**常务副主任**　崔唯航

**副 主 任**　曹宏举　邱新立　朱旭尧　陈秋霖

**委　　员**（按姓氏笔画排序）

甘根华　田富祥　左健伟　刘文海　刘汉征
江　涌　贠有强　李　良　李云鹤　杨　涛
杨松义　杨洪进　吴爱民　吴泽明　何伟志
汪德军　张军利　陈　旭　陈华康　陈建春
欧阳志国　郑金月　唐昌华　赵国卿　赵增昆
洪民荣　贺　彪　黄　誌　曹荣湘　梁金荣
程中才　魏占海　熊　晖


## 中国名镇志丛书编纂委员会办公室


**主　　任**　崔唯航

**副 主 任**　邱新立　杨军仕

**成　　员**　陈　旭　李　江　王丹林　刘淑颖　范永恒
王　静　陈　菁　李晓晓　王海荣

## 山东省烟台经济技术开发区
## 古现街道志编纂委员会

**顾　　问**　赵国卿　牟树青　张耀龙　季胜林

**主　　任**　刘丛杰

**副 主 任**　黄贤中　贾　磊　张洪海

**委　　员**　遇方庆　张笑晨　王明忠

**学术顾问**　吕伟达　蔡乐成

## 山东省烟台经济技术开发区
## 古现街道志编辑人员

**特邀编审**　张耀龙　杜　泉　李迎春

**编　　审**　遇方庆　张笑晨　于天佐　林志泉

**主　　编**　刘建国　蔡海林

**执行主编**　徐志明

**副 主 编**　王明忠

**编辑人员**　王瑞圭　王世国　谭雪莲　祝淑娜
王　晓

**图片摄影**　米　军　段浩杰　刘　华　王仁勇

# 中国名镇志丛书凡例

一、以马克思列宁主义、毛泽东思想、邓小平理论、“三个代表”重要思想、科学发展观、习近平新时代中国特色社会主义思想为指导，坚持辩证唯物主义和历史唯物主义的立场、观点和方法，存真求实，全面、客观、系统记述中国名镇城镇化进程和改革开放成果，反映小康社会建设过程，传承和抢救乡土历史文化，激发爱国爱乡情怀，留住乡愁，为探索中国特色新型城镇化建设、服务乡村振兴战略提供历史智慧和现实借鉴。

二、为全面反映入志事物发展脉络，各志上限尽量追溯至事物发端，下限一般断至各志启动编修年份，个别重大事项可延至搁笔。详今明古，着重反映时代特色和地方特点，重点体现各镇的“名”与“特”。

三、记述地域范围以下限年份的行政辖区为主。为体现名镇在更大区域内的意义，可以从更开阔的区域视野记述与该镇相关的内容。

四、统一采用纲目体，设类目、分目、条目三个层次。横排门类，纵述史实，述而不论。

五、综合运用述、记、志、传、图、表、录等体裁，以志体为主。体裁运用适当创新，篇目设置不求面面俱到。

六、除引用文字和附录文献资料外，统一使用规范的现代语体文记述，行文力求朴实、严谨、简洁、流畅、优美，可读性强。

七、人物部类遵循“生不立传”原则，人物传主按生年排序，只选录对本镇发展有重大影响的人物，不面面俱到。

八、各项数据一般采用国家统计部门数据。数据缺乏的，采用主管部门或主办单位正式提供的数据。

九、数字用法、标点符号用法分别采用国家标准《出版物上数字用法》（GB/T 15835—2011）、《标点符号用法》（GB/T 15834—2011），计量单位采用国家技术监督局 1993 年 12 月发布的《量和单位》系列国家标准。历史上使用的计量单位，如斗、石、里、尺、磅、华氏度等，在引文时可照录。考虑到社会使用习惯，全书中亩不统一换算。

十、中华民国成立前的纪年，使用朝代年号纪年，括注公元年份；中华民国成立后的纪年，均使用公元纪年。志中所称“解放前（后）”，以该镇解放日为界；“新中国成立前（后）”，以中华人民共和国成立日 1949 年 10 月 1 日为界；“改革开放前（后）”，以 1978 年 12 月中共十一届三中全会召开为界。本志“××年代”，凡未加世纪者，均指 20 世纪。

十一、为节省篇幅，避免重复，本志采用条目互见法。参见条目的表示形式为：参见本志“××类目·××分目·××条目”。

十二、对旧志、古籍中的繁体字、冷僻字一般用简化字或通用字替换，易引起误解的则保留。

十三、记述各个历史时期的党派、机构、职务、地名等，均以当时的名称为准。对频繁使用的名称，首次用全称并括注简称，其后用简称。

十四、各镇志需要单独说明的事项，均在各自编后记中记述。

# 古现街道在中国的位置

古现街道
烟台经济技术开发区
北京
天津
乌鲁木齐
新疆维吾尔自治区
西藏自治区
拉萨
青海省
西宁
甘肃省
兰州
宁夏回族自治区
银川
内蒙古自治区
呼和浩特
黑龙江省
哈尔滨
吉林省
长春
辽宁省
沈阳
河北省
石家庄
北京市
天津市
山西省
太原
山东省
济南
陕西省
西安
河南省
郑州
江苏省
南京
安徽省
合肥
上海市
上海
浙江省
杭州
四川省
成都
重庆市
重庆
湖北省
武汉
湖南省
长沙
江西省
南昌
福建省
福州
贵州省
贵阳
云南省
昆明
广西壮族自治区
南宁
广东省
广州
香港
澳门
海南省
海口
台湾省
台北
台湾岛
钓鱼岛
赤尾屿
渤海
黄海
东海
南海
黄河
长江
东沙群岛
海南岛
西沙群岛
永兴岛
中沙群岛
黄岩岛
南沙群岛
曾母暗沙
图 例
北京 首都
天津 省级行政中心
未定 国界
省、自治区、直辖市界
特别行政区界
名镇(乡、街道)所在区域
名镇(乡、街道)
1∶32 000 000
审图号：GS（2021）8722 号

# 古现街道在山东省的位置

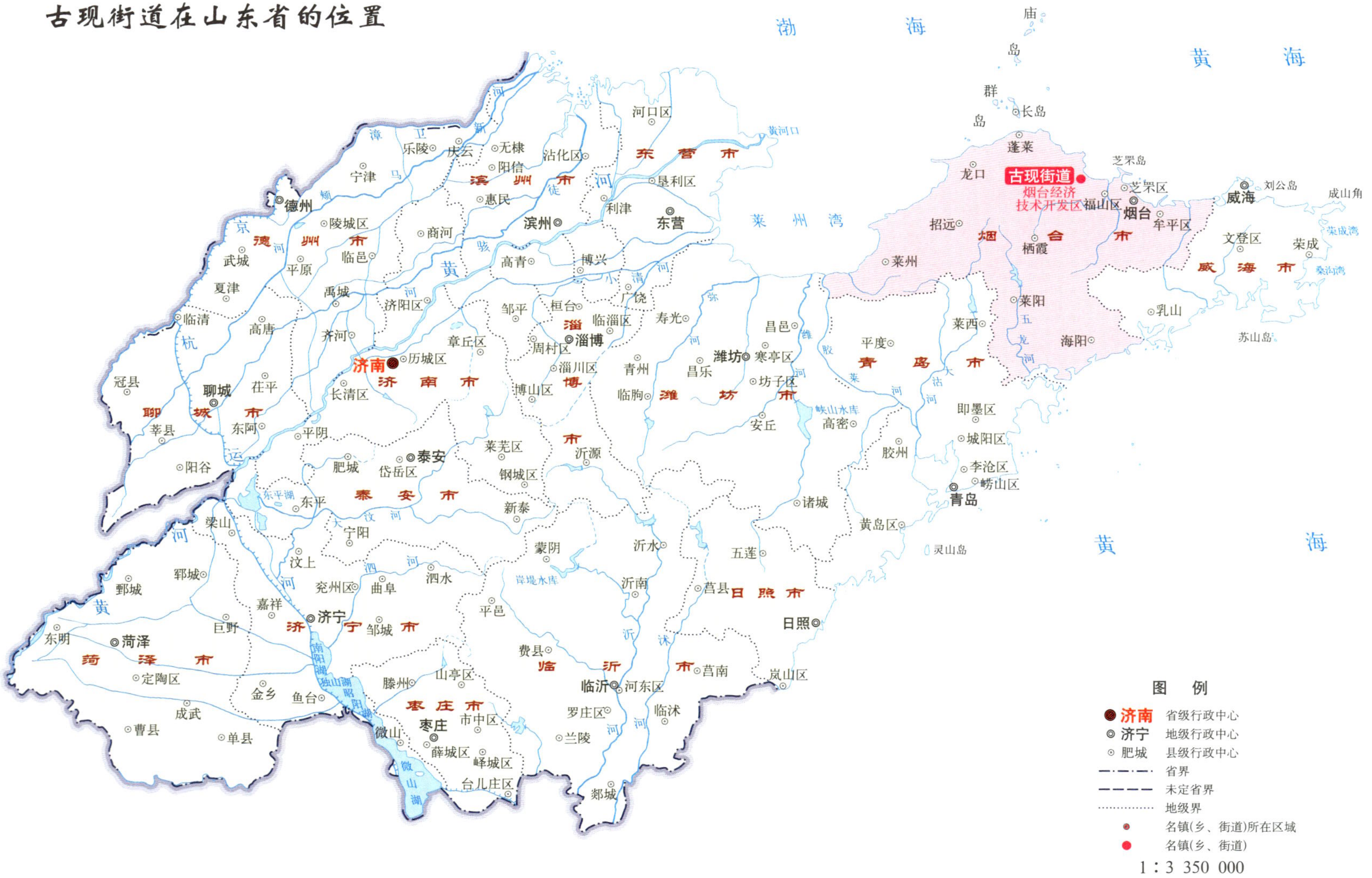


审图号：GS（2021）8722 号

# 古现街道地图

图例

| | |
|---|---|
| 县级界 | ★ 街道驻地 |
| 镇、街道界 | 学校 |
| 铁路 | 医院 |
| 高速公路 | 宾馆、酒店 |
| 街道 | 政府机关 |
| 规划道路 | 其他 |
| | 旅游景点 |

审图号：GS（2021）8722号

天马栈桥（2020 年）

王仁勇　摄

古现街道鸟瞰（2020 年）

王仁勇　摄

磁山温泉小镇（2018 年）

中国（山东）自由贸易试验区烟台片区（2020 年）　　王仁勇　摄

“春韵国风”百人太极表演（2019 年）

海滨夕照（2020 年）

# 目录

# 概　述

烟台经济技术开发区（以下简称开发区）古现街道位于山东半岛东端，烟台市区西部，黄海南岸。古现陆域面积 76.87 平方千米，辖 38 个村。

古现历史悠久。商周时属莱子国，春秋时为牟子国迁徙地，战国时为齐康公食邑，秦时为齐郡腄县地。

《史记》载，秦始皇帝二十八至三十二年（前 219—前 215），秦始皇三次东巡，均途经古现一带，“登之罘，立石，颂秦德”，涉水“柳林”，畅饮“圣水”，造访“古城”，展风“崮崖”，夜跸磁山，并于山半建“阴主祠”。

西汉元朔三年（前 126）至北齐天保七年（556），古牟平县治设于域内古现东村，故称“古县”，后演为“古现”。

古现人杰地灵，英才辈出。明清两代，以王懿荣为代表的王氏家族文风浩荡、科第绵绵，累进士 27 人、举人 36 人、生员 515 人。其中，为督抚者 3 人，为翰林者 6 人。王氏一门家传对胶东乃至齐鲁文化产生深远影响。

“要想吃好饭，围着古现转”。古现是鲁菜重要分支——胶东福山菜的原乡。该地依山傍海、物产丰饶，特别是小海鲜久负盛名。在古现，家家户户吃海鲜，人人都有一手烹饪绝活。清代，古现大厨被宣旨进京，为宫廷烹制菜肴，其后，“古现帮”声名鹊起。中华人民共和国成立后，烹饪业快速发展，在领头人王义均等老一辈名师大厨引领下，“古现帮”日渐壮大，域内村庄往往过半人口从事烹饪业，涌现出一批代代相传的烹饪世家和名师高徒。2019 年 9 月，“2019 年中华鲁菜文化传承与繁荣研讨会”在烟台召开，古现街道被授予“中国鲁菜名镇”称号。

改革开放后，古现工业快速发展，特别是划归开发区后，依托得天独厚的区位优势、优良的投资环境和强有力的招商举措，海内外一批知名企业，如张裕葡萄酒集团公司、烟台冰轮集团公司、台湾鸿海集团富士康（烟台）科技工业园、现代汽车研发中心（中国）等先后落户古现，拉动与之配套的地方中小企业发展，逐步形成以电子信息、汽车产业、机械制造为主导的工业体系。2019 年，古现街道实现工业总产值 305.5 亿元，进出口总额 124 亿元，工业利税总额 71.44 亿元，成为烟台市的经济支柱。

古现依山傍海，风光秀丽，四季分明，气候宜人。凭借优越的自然环境和丰厚的人文资源，古现大力发展文化旅游业和居家养老业，相继建成磁山温泉小镇、张裕葡萄酒庄小镇、天马浪漫海滨旅游区等一批旅游景点和休闲服务设施，投资百亿元的古现文旅小镇也在建设之中，古现日益成为胶东半岛旅游、休闲和居家养老的目的地。

古现从远古走来，穿越千载，饱经沧桑，近代社会更是经历血与火的洗礼。甲午战争之后，面对外敌入侵，古现人民办团练、筑海防，掀起声势浩大的抗倭浪潮。抗日战争、解放战争时期，古现人民在中国共产党领导下，同仇敌忾，与日本侵略者和国民党反动派进行不屈不挠的斗争，谱写了可歌可泣的壮丽篇章。中华人民共和国成立后，古现人民响应党的号召，发展经济，建设家园，创造了一个又一个辉煌。中共十一届三中全会后，古现坚守对外开放的前沿阵地，勇于进取，大胆探索，招商引资、外向型经济取得显著成就。进入新时代，古现人民不忘初心，奋力前行，乡村振兴、低碳经济、新型小城镇建设等再次成为开发区乃至烟台市的先进典型。

艰难困苦，玉汝于成。新时代的古现人民依靠勤劳和智慧，将把家乡建设得更加富裕、美好。

# 基本街情

古现街道位于黄海之滨、磁山脚下，历史悠久，文化昌盛。商周时即有先民在该地生活，春秋时牟子国东迁至古现域内。西汉至南北朝，古现为古牟平县治。2000 多年间，古现人祖祖辈辈在这里繁衍生息，创造了灿烂的物质文明和精神文明。尤其在中国共产党领导下，优秀传统文化与红色爱国主义文化、社会主义文化相融合，凝聚成巨大的发展动力，古现街道经济繁荣、人民安乐，宜居宜业宜游。

# 建置区划

**建置沿革** 新石器时代，古现境内已有人类居住。商周时古现属莱子国，春秋时为牟子国迁徙地，战国时为齐康公食邑，秦时为齐郡腄县地。

西汉元朔三年（前126），割腄县西部设牟平县，县治在原牟子国城西（今之古现东村），至南北朝北齐天保七年（556），古牟平县治均设古现，前后历682年，故称“古县”，后演为“古现”。

北齐天保七年（556），牟平县治迁蓬莱境。北周至隋，古现为东莱郡牟平县地。唐武德四年（621），割文登西部、牟平东部置清阳县，古现属之。唐贞观元年（627），牟平、清阳两县废，其东部复归文登，西部并入黄县，古现属之。自唐神龙三年（707）至北宋，古现属登州东牟郡蓬莱县。

金天会九年（1131），割蓬莱东境与牟平西境置福山县，古现属之。元、明两代，古现属登州府福山县。清代，古现属胶东道福山县。

中华民国前期，福山县先后属东海道、直隶山东省，古现从之。抗日战争时期，福山县由国民政府、日伪政府和中共领导的抗日民主政府三方分治。1945年8月，福山县全境解放，人民民主政府迁入福山县城，隶属胶东行政公署北海专署，古现从之。1947年9月，国民党占领福山，县人民政府转移，是年11月福山划归山东省烟台市。1948年10月，福山二次解放，县人民政府迁回县城，仍属胶东行政公署北海专署，古现仍属福山县。

中华人民共和国成立至1958年9月，福山县先后属胶东行政公署北海专署文登专区、莱阳专区。1958年10月，福山县建置撤销，并入烟台市（今芝罘区）。1962年4月，福山县建置恢复，属烟台专区。1983年11月，烟台专区改为烟台市（地区级），撤销福山县建置，改为烟台市福山区。其间，古现皆从之。2002年9月，古现自福山区析出，划归开发区。

**行政区划** 明万历十年（1582）前，福山县设4保29社，古现系西北保古现社。万历十年后，调整为23社，古现社从属未变。

清光绪三十四年（1908），废保社制，福山县划为20个区，古现为其一，辖23个村。

1932年前，沿清制。1932年秋，福山县合并20个区为5个大区，区下设43个乡和1个镇，乡下设闾，闾下设邻。古现为五区（驻古现），辖八角、刘家、官庄、古现、河北、臧家、岗嵛、李家、奇章、大王家10个乡。1936年下半年，国民政府推行乡村建设方案，区改为乡农学校。1937年7月，抗日战争全面爆发，撤销乡农学校，恢复区乡制。抗日战争期间，国民县政府和日伪县政府在其统治区内并用一套乡保政权组织，实行保甲制，百户为保，10～20户为甲。1941年，福山县抗日民主政府成立，将全县划为8个区，以序数名区，古现为第七区。1944年，改由地名名区，古现区为其一。

中华人民共和国成立后，福山县全县设10个区，古现为七区。1951年，区下设乡，七区辖11个乡。1952年，福山县设8个区1个镇，古现仍为七区，辖乡增至13个。1955年，七区更名古现区。1956年7月，福山县将原有区、镇、乡撤销，设1个镇20个大乡，古现乡为其一。1958年8月，乡镇建置废除，福山县成立5处人民公社，其中古现、大王家、八角三乡合并，成立古现人民公社（简称古现公社），辖61个生产大队（村）。10月，福山县撤销，古现公社遂归烟台市（不设区）。1962年4月，福山复县，古现公社仍属福山县。1970年10月，古现公社西北部原八角乡23个大队析出，成立八角人民公社。1983年11月，烟台地区改为烟台市，撤销福山县建置，改为烟台市市辖区，古现公社属之。1984年4月，福山县撤销人民公社，古现公社改置古现镇。1985年，古现镇所辖马家村划归开发区，古现镇辖38个行政村（41个自然村）。

2000年12月，古现镇与八角乡再次合并为古现镇。2002年9月，经烟台市政府批准，福山区撤销古现镇，改置古现街道，街道办事处设于原古现镇人民政府驻地。

2002年9月，古现街道划归开发区。古现街道设61个居委会，辖区面积106平方千米，人口4.3万人。2002年10月15日，经烟台市政府批准，开发区将古现街道所辖原八角乡23个居委会析出，另置八角街道。古现街道辖区面积缩减为76.87平方千米，下辖38个行政村。

## 村庄社区

行政村　截至2019年12月，古现街道辖行政村38个，除院下、棘子夼、东吴家、陈家沟、东龙夼5个村外，其余33个村全部拆迁。居民安置到社区各住宅小区。

### 2019年古现街道所辖村庄一览表

表1

| 序号 | 村名 | 距街道办事处里程（千米） | 村名由来及沿革 |
|---|---|---|---|
| 1 | 大王家 | 4 | 明初，曲、林二姓在此建村。后邹姓迁入，成大户，曾名大邹家，其后，又有王姓迁入，人丁兴旺，更名大王家村 |
| 2 | 小王家 | 4 | 原名沙家庄，后有王姓迁入，人丁兴旺，因南有大王家村，明末更名小王家村 |
| 3 | 梁　家 | 4 | 明万历年间（1573—1620），梁姓由福山县域东关迁此立村，以姓氏名村梁家 |
| 4 | 潘　家 | 4 | 南宋德祐元年（1275），潘智明、潘智亮兄弟二人迁此落户，以姓氏名村潘家 |
| 5 | 东张家 | 4 | 明万历年间（1573—1620），张龙兄弟三人由古现村迁此立村，以姓氏名为东张家 |
| 6 | 林　家 | 4 | 明天启三年（1623），林守清由山西洪洞县迁此立村，故名 |
| 7 | 山王家 | 2.5 | 此前朱姓曾落户于此，名朱家村。明崇祯年间（1628—1644），王文玉由高疃迁入，人丁兴旺。因靠近景山，故名山王家 |
| 8 | 山吴家 | 2.5 | 明初，吴姓迁此立村，因东靠洪钧顶，故名山吴家 |
| 9 | 徐　家 | 2.5 | 明崇祯年间（1628—1644），徐东豹迁此立村，以姓名村徐家 |
| 10 | 陈　家 | 4 | 明末，罗姓立村，取名罗家。清初，陈姓迁入，人丁兴旺，更名陈家 |
| 11 | 棘子夼 | 5 | 村庄原为大王家地主庄园，称王家庄。明初，潘姓迁此。万历年间（1573—1620），王姓由蓬莱迁此。因地处山夼，荆棘较多，故名棘子夼 |
| 12 | 东吴家 | 4 | 明万历年间（1573—1620），始祖吴江、吴海定居，立村 |
| 13 | 院　下 | 4 | 明弘治年间（1488—1505），孙姓迁此建村，因地处洪钧顶普安禅院，故名院下 |
| 14 | 汪家沟 | 3.5 | 明嘉靖年间（1522—1566），潘姓建村名潘家沟，后汪姓迁入，人丁兴旺，更名汪家沟 |
| 15 | 东龙夼 | 2.5 | 明末清初，村东有圆石似龙蛋，遂名龙蛋夼，后因人谓两石状如龙头，如二龙相斗，更名斗龙夼，后称东龙夼 |
| 16 | 南张家 | 4 | 明嘉靖年间（1522—1566），董姓立村，故名董家砚。清嘉庆年间（1796—1820），张姓迁入，董姓迁出，更名张家，后为区别东张家，改成南张家 |
| 17 | 郭　家 | 3 | 明崇祯十七年（1644），郭姓由贵州、云南一带迁此立村，以姓氏名村郭家 |

续表 1

| 序号 | 村名 | 距街道办事处里程（千米） | 村名由来及沿革 |
|---|---|---|---|
| 18 | 陈家沟 | 4 | 明万历年间（1573—1620），陈龙带子女由安徽省迁此立村，因地处磁山东麓山沟，遂以姓名村陈家沟 |
| 19 | 李　家 | 2.5 | 明宣德年间（1426—1435），孙姓迁此立村。后李姓从巴家寨迁入，渐成大户，孙姓外迁，更名李家 |
| 20 | 南于家 | 4 | 明洪武年间（1368—1398），李姓迁此立村。隆庆年间（1567—1572），于姓由荣成斥山迁入，渐成大户，因地处柳林河南，遂称南于家 |
| 21 | 北于家 | 4 | 明弘治年间（1488—1505），高、徐两姓迁此定居。明末，于姓由高疃湘河迁入，渐成大户，因居柳林河北，遂称北于家 |
| 22 | 林官庄 | 4 | 清康熙元年（1662），在福山县任百户职的林氏后裔由县城迁此定居，因林姓八代为官，誉称林官庄 |
| 23 | 孙　家 | 4 | 元至元八年（1271），郭、孙二姓迁此立村，名郭庄孙家，后郭衰孙旺，更名孙家 |
| 24 | 皂户头 | 3.5 | 明成化至弘治年间（1465—1505）立村，因村处沿海，旧时村民以煮盐为业，统称灶户，盐税由驻村灶头征收，故名灶户头，后演为皂户头 |
| 25 | 三十里堡 | 3 | 传说韩信灭牟，名“城阴铺”，金天会九年（1131），福山立县，因距福山城三十里而更名三十里堡 |
| 26 | 四　合 | 4 | 明洪武年间（1368—1398），有李、金、林、宋四姓在此立村，故曾名李家、金家、林家、南北宋家。1946 年四村合并，更名四合 |
| 27 | 石　岚 | 3 | 明弘治年间（1488—1505），张姓由天津迁此立村，初名石兰，因地处磁山北坡，山石错落，俗称石岚 |
| 28 | 西臧家 | 2 | 明成化年间（1465—1487），臧东周由安徽迁此立村，名臧家，因区别高疃臧家，遂名西臧家 |
| 29 | 谭　家 | 2 | 明永乐五年（1407），谭子安、谭子贵兄弟二人由莱阳县万柳村迁此立村，以姓氏名村谭家 |
| 30 | 河　北 | 1 | 北宋时，华、倪、高、罗、赵、王六姓在此散居，俗称古庄。明洪武年间（1368—1398），因合村于黄金河北岸，更名河北 |
| 31 | 邱　家 | 1 | 明末清初，邱姓置地立村，故名邱家 |
| 32 | 河北刘家 | 1 | 明初，曾有七姓在此散居，俗称七家庄。万历年间，刘忠从蓬莱迁此立村，因村处黄金河北岸，以姓氏和方位名村河北刘家 |
| 33 | 东　村 | 古现街道驻地 | 春秋时期为牟子国迁徙地，西汉元朔三年至南北朝北齐天保七年（前 126—556），古牟平县治设此，因称古县，后演为古现。1945 年，古现村按方位析为 3 个里，村属古现东里。1948 年改称古现东村。1958 年成为行政村，称东村 |
| 34 | 胜　利 | 古现街道驻地 | 春秋时期为牟子国迁徙地。1945 年，古现村按方位析为 3 个里，村属古现北里。1948 年村改称古现北村。1956 年成立高级社，称胜利社。1958 年成为行政村，称胜利村 |

续表 1

| 序号 | 村名 | 距街道办事处里程（千米） | 村名由来及沿革 |
|---|---|---|---|
| 35 | 曲家庄 | 1 | 明时，该地为河北村地主一个佃户庄子，名南庄子。明末清初，佃户曲文智在此定居立村，遂称曲家庄 |
| 36 | 张家庄 | 1.5 | 明嘉靖年间（1522—1566），孙氏迁此立村，后张氏自古现迁入，并成大户，遂称张家庄 |
| 37 | 西　村 | 古现街道驻地 | 春秋时期为牟子国迁徙地。1945 年，古现村按方位析为 3 个里，村属古现西里。1948 年改称古现西村。1958 年成为行政村，称西村 |
| 38 | 北　斗 | 古现街道驻地 | 春秋时期为牟子国迁徙地。1945 年，古现村按方位析为 3 个里，村属古现北里。1956 年成立高级社，称北斗社。1958 年成为行政村，称北斗村 |

**社区**　古现街道下设和万家、黄金河 2 个社区。和万家社区，建于 2018 年 12 月，东至柳林河，南至四合村，西至皂户头村，北至海滨路，区域面积 2.7 平方千米。和万家社区下辖天马相城、海晟花苑、万科城、柳林 4 个居民小区及周边企业、商业网点，社区内有楼房 135 栋，规划 8199 户，至 2019 年，实际入住 6199 户。总人口 17357 人，其中外来人口约占 90%。社区管理机构为社区居民委员会。黄金河社区成立于 2019 年 9 月，东至海滨路，南至上海大街，西至台北中路，北至海滨路防护林，区域面积 6.56 平方千米。黄金河社区辖富力湾、越秀星汇金沙、金桥澎湖湾、黄金家园、金河名都、中南熙悦、通用富馨佳苑 7 个商业小区及周边企业、商业网点。内有楼房 159 栋，规划住户 18756 户，实际入住 12032 户。总人口约 3 万人，其中外来人口占 90% 以上。社区管理机构为社区居民委员会。

黄金河社区俯瞰（2020 年）　　王仁勇　摄

# 自然环境

**区位** 古现街道位于北纬 37° 35′42.35″~37° 31′44.94″，东经 121°10′14.11″~121°05′13.72″，东与福莱山街道比肩连片，距开发区管委 10 千米；南及东南分别与福山区高疃街道、福新街道接壤，西依磁山，西北与八角街道为邻，北濒黄海。总面积 101.87 平方千米，其中陆域面积 76.87 平方千米，海域面积 25 平方千米，海岸线 5 千米。

**地质** 域内地质构造属胶东地盾胶北隆起区，经历多期复杂构造运动，以震旦纪末期燕山运动时期断裂构造和褶皱构造为主。地层结构主要是元古代蓬莱群。岩浆岩以花岗岩为主体，间有石英岩、板岩、泥灰岩、灰岩等。域内山间河谷及沿海平原为第四纪松散堆积物。岩性为含砾砂质黏土、黏土质粉沙砾石层。沿海地带岩性为混粒砂、含粒细砂夹海积淤泥。

磁山（2016年）

磁山余晖（2015 年） 姚南通 摄

**地貌** 古现街道地处山东半岛东北部，北临黄海，属典型的丘陵海滨地形。地势南部、西部高，北部、东部低，大致呈簸箕状。北部和东部为冲积平原，西部、南部为丘陵。

**山脉**

古现境内主要有磁山山脉。

**磁山** 位于古现街道驻地西约 3 千米处。山体宽约 3 千米，海拔 528.9 米，为磁山山脉主峰，因山石含磁而名。春秋时期，牟子国迁至古现，故又称牟山。磁山西部为蓬莱市境。

姚南通 摄

凤凰山（2020 年） 王仁勇 摄

罗山坡（2020 年） 王仁勇 摄

**哄君顶** 旧称崮岂山，也称洪钧顶，位于磁山东侧，古现街道院下村西 1 千米处，海拔 357.6 米。

**凤凰山** 又名凤凰顶，位于磁山东，古现街道办事处南，海拔 136.4 米。山有三顶，中顶高，东、西两顶低，状如凤凰展翅，故名。

**小磁山** 位于磁山东，古现街道汪家沟村西，海拔 261 米。

**大顶** 位于磁山东，古现街道东吴家村南，海拔 122 米。

**罗山坡** 又名落山坡，位于磁山东，古现街道东吴家村西，海拔 121 米。

**将山** 又名丈山，位于磁山东，古现街道棘子夼村东北，海拔 165 米。

哄君顶、凤凰山、小磁山、大顶、罗山坡和将山均为磁山山脉之余脉。

### 河流

域内主要河流有黄金河、柳林河、南夼河。

**黄金河** 俗称古现河。发源于域内磁山和蓬莱市尖顶山，自西向东流经古现街道石岚、西臧家、古现北、河北等村至三十里堡村东北入黄海，全长 116 千米，域内长 10 千米，流域面积 84 平方千米，河床平均宽 80 米。河短流急，汛期水位较高，含沙量大。因河沙含金，故名黄金河。

**柳林河** 发源于哄君顶东麓，自西南流经古现街道院下、东吴家、大王家等十余个村，至北于家村东入黄海。全长 9 千米，河床平均宽 60 米。

**南夼河** 发源于哄君顶北麓和磁山东南麓，自南经南张家、郭家、山王家、李家

黄金河（2018 年）　刘建国　摄

柳林河（2020 年）　段浩杰　摄

等村，至古现西村入黄金河，全长 4 千米。

### 气候

古现街道地处黄海南岸，属北温带大陆性季风气候，四季分明，季风进退明显，昼夜温差小，无霜期长。夏无酷暑，冬无严寒。年平均气温 11.3℃～11.5℃。

春季（3—5 月）　前期冷暖空气交替频繁，气候多变。后期偏南风渐多，气温回升较快，多风少雨，易发生春旱。

夏季（6—8 月）　空气暖湿，雨量集中，降水量占全年 58%。暴雨多，易发生洪涝灾害。7 月下旬至 8 月上旬，域内最热，平均气温 25.80℃，极端最高气温 38℃（出现在 1966 年 8 月）。

秋季（9—11 月）　9 月上旬，暖湿空气活跃，降水较多，易形成阴雨连绵天气。9 月下旬至 10 月，冷空气南下，暖湿空气衰退，气温下降较快。11 月，冷空气侵入，天气多变。

冬季（12 月至次年 2 月）　受西伯利亚冷空气影响和蒙古高压带控制，多偏北风，霜雪多，气温低。1 月最冷，平均气温 -3.40℃。极端最低气温 -21.8℃（出现在 1963 年 1 月 13 日），水面结冰平均初日为 11 月 19 日，终于次年 3 月底。平均冻土深 10 厘米。全年越冬期平均 75 天。

2019年古现街道1—12月旬平均气温统计表

表2 单位：℃

| 旬＼温度＼月 | 1 | 2 | 3 | 4 | 5 | 6 | 7 | 8 | 9 | 10 | 11 | 12 |
|---|---|---|---|---|---|---|---|---|---|---|---|---|
| 上 | −1.1 | −1.4 | 2.1 | 8.9 | 16.0 | 20.4 | 23.6 | 25.8 | 22.4 | 17.7 | 11.3 | 3.4 |
| 中 | −2.0 | −0.6 | 4.6 | 11.3 | 18.0 | 21.9 | 24.1 | 24.4 | 21.3 | 15.7 | 8.4 | 1.8 |
| 下 | −1.7 | −0.4 | 6.2 | 13.5 | 19.4 | 22.9 | 25.8 | 24.2 | 19.7 | 13.5 | 5.5 | 0.2 |

# 人口 姓氏

**人口数量** 中华人民共和国成立前，古现无人口统计资料。中华人民共和国成立后，社会稳定，人民安居乐业，人口持续增加。1949年，全镇有4723户，19985人。1952年，增加到5047户，21522人。20世纪60年代后期，人口渐趋稳定。2019年，古现街道有12411户，户籍人口36943人。

**人口变动** 中华人民共和国成立初期，古现人口出生率趋高，死亡率降低，1952—1958年，年平均出生率33.2‰，年平均增长率22.73‰；1959—1961年，年平均出生率26.14‰，死亡率15.0‰，年平均增长率11.0‰。1970年以后，计划生育观念逐渐为群众接受，出生率持续走低。至1985年，全镇人口出生率降至16.78‰，净增长率降至4.02‰。1990年，人口自然增长率为3.55‰。2016年，国家全面实施二孩政策，人口增长率逐年增加。2019年，古现街道人口自然增长率为7.44‰。

中华人民共和国成立后，古现两次合并、析出，人口出现机械变动。1958年，原古现、大王家、八角三乡合并为古现人民公社，人口大幅度增加。1970年，原八角乡23个村从古现公社析出，古现公社人口减少。1985年，马家村划归开发区，古现镇人口略有减少。2000年，古现镇与八角乡合并，人口又大幅度增加。2002年，八角街道再次从古现街道析出，古现街道人口大幅度减少。2002年，古现街道划归开发区后，外来务工人员增加。至2012年，古现街道总人口（包括流动人口）增加到91489人。其中，流动人口60129人，占65.7%。第七次全国人口普查数据显示：古现街道户籍人口31168人，其中男性14786人，女性16382人。

2009—2019年古现街道户籍居民迁入、迁出情况表

表3 单位：人

| 年份 | 总人数 | 迁入 | 迁出 |
|---|---|---|---|
| 2009 | 30998 | 712 | 206 |
| 2010 | 31830 | 505 | 261 |
| 2011 | 31907 | 468 | 408 |
| 2012 | 31360 | 233 | 403 |
| 2013 | 31213 | 135 | 464 |
| 2014 | 31144 | 192 | 752 |
| 2015 | 31164 | 213 | 499 |
| 2016 | 32071 | 719 | 457 |
| 2017 | 33377 | 933 | 450 |
| 2018 | 34959 | 433 | 234 |
| 2019 | 36943 | 804 | 156 |

### 人口构成

**性别** 2010年第六次全国人口普查，古现街道总人口31830人，其中男性占总人口的56.48%，女性占总人口的43.52%。男女性别比为129.77。2019年，全街道总人口36943人，其中男性17769人，占总人口的48.10%；女性19174人，占总人口的51.90%。男女性别比为92.7。

**年龄** 2010年第六次全国人口普查，古现街道0～19岁人口占总人口的比重为15.10%，60岁以上人口占总人口的比重为13.80%。2019年，辖区0～19岁人口7536人，占总人口的比重为20.40%，60岁以上人口8389人，占总人口比重为22.70%，比2010年上升8.9个百分点。

### 2019年古现街道户籍居民年龄比例一览表

表4

| 人口数（人） | | | | 占总人口百分比（%） | | |
| --- | --- | --- | --- | --- | --- | --- |
| 合计 | 0～19岁 | 20～59岁 | 60岁以上 | 0～19岁 | 20～59岁 | 60岁以上 |
| 36943 | 7536 | 21018 | 8389 | 20.4 | 56.9 | 22.7 |

**教育**　中华人民共和国成立后，大多数儿童能入小学读书。至20世纪80年代，实行九年制义务教育，初中教育普及，域内高中以上文化程度的居民逐渐增多。

### 1982年与2019年古现街道户籍居民文化程度对比表

表5

| 年份 | 学龄人口数（人） | 文化程度及人数（人） | | | | | 占人口比例（%） | | | | |
| --- | --- | --- | --- | --- | --- | --- | --- | --- | --- | --- | --- |
| | | 大专及以上 | 高中（中专） | 初中 | 小学 | 文盲半文盲 | 大专及以上 | 高中（中专） | 初中 | 小学 | 文盲半文盲 |
| 1982 | 26912 | 41 | 1688 | 6081 | 14113 | 4989 | 0.15 | 6.27 | 22.60 | 52.44 | 18.54 |
| 2019 | 21612 | 3933 | 10893 | 5554 | 1232 | 0 | 18.2 | 50.4 | 25.7 | 5.7 | 0 |

**职业**　中华人民共和国成立前，域内居民多从事农业生产，极少数居民利用农闲时间从事商业、运输业或建筑业。中华人民共和国成立后，随着农村多种经营发展，农村出现带有手工业和商业性质的副业，1958年前经营形式多为个体，1958年后改为集体。20世纪80年代后，乡村企业快速发展，古现开始出现专门从事工业、商贸服务业的人员。2002年古现街道划归开发区后，城市化进程加快，居民职业发生根本变化，大批劳动力转移到商业、工业、建筑业、运输业和服务业，仅少数居民从事原有农业生产。

### 2019年古现街道从业人员构成情况表

表6

| 劳动力资源（人） | | | 从业人员（人） | | | 农林牧渔 | | 工业 | | 建筑业 | | 交运仓储邮政 | | 信息服务 | | 批发零售 | | 住宿餐饮 | | 其他行业 | |
| --- | --- | --- | --- | --- | --- | --- | --- | --- | --- | --- | --- | --- | --- | --- | --- | --- | --- | --- | --- | --- | --- |
| 总数 | 男 | 女 | 总数 | 男 | 女 | 人口（人） | 占比（%） | 人口（人） | 占比（%） | 人口（人） | 占比（%） | 人口（人） | 占比（%） | 人口（人） | 占比（%） | 人口（人） | 占比（%） | 人口（人） | 占比（%） | 人口（人） | 占比（%） |
| 17031 | 8804 | 8227 | 15669 | 8787 | 6882 | 2132 | 13.6 | 6780 | 43.3 | 2701 | 17.2 | 1335 | 8.5 | 108 | 0.7 | 1568 | 10 | 626 | 4 | 419 | 2.7 |

**姓氏及来源**　2019年，古现街道居民有姓氏130个，王、张、李、刘、于、吴、林、孙、陈、姜、臧、梁、邹、潘、徐、赵、周、栾、谭、曲、朱、宋、郭、董、杨、侯等姓人口居多，其中王、张、李、刘、于、吴、林、孙姓人口均在千人以上。

古现街道域内原居民姓氏主要来源有三。一是军屯户，明朝设守御千户所，外地官员调任福山县任千户或百户职，其家眷亦迁此安家落户。二是北人南征，自金至清，北人（女真人、蒙古人）先后南下，在山东遗留大量军人、商贾、贵族。元代初年，随皇室南征的功臣与皇族子弟分茅列土，封地囊括大半个胶东。其家奴大部为其出征云南大理所虏，后迁居胶东，遂有“小云南”人之说。三是移民徙至，元末，因战乱、灾荒造成山东、河北、河南诸省成无人之地，明朝，政府采取移民垦荒措施。《洪洞古大槐树志》载，明洪武、永乐年间，山西先后9次向河北、山东等地移民，遍及山东全境。

院下村梨花苑（2020年）　　古现街道办事处　提供

# 经济发展

**综合实力**　历史上，古现是一个农业大镇。中华人民共和国成立前，因生产力水平低，经济发展缓慢。中华人民共和国成立后，古现发展农田基本建设，农业得到较快发展。改革开放后，随着国家农业农村政策调整，乡镇企业异军突起，二、三产业快速发展，乡村经济不断壮大。2002 年 9 月，古现街道划归开发区，一些外地企业相继落户古

果蔬大棚（2020 年）　　段浩杰　摄

现街道，鸿海科技、乐金显示、现代汽车 3 家世界 500 强企业先后在古现建厂，拉动域内配套企业快速发展，古现街道经济实力进一步增强。2019 年，街道公共财政收入达 7.04 亿元。

**第一产业** 古现传统粮食作物主要有小麦、玉米、地瓜、高粱，经济作物主要有花生、大豆、蔬菜、果品。中华人民共和国成立前，农业发展缓慢，旱、涝、病虫害等自然灾害频发，粮食产量较低。中华人民共和国成立后，通过改良土壤，兴修水利，扩大水浇地面积，选育良种，加强田间管理，农业得到长足发展。改革开放以后，随着农村经济体制改革，古现适时调整农业结构，推行农业产业化，蔬菜、果品、水产养殖、畜牧业逐渐成为主导产业。

2002 年，古现街道划归开发区以后，大量农田变更为工业用地或建设用地，第一产业迅速萎缩。至 2019 年，街道农田有 3440 亩，第一产业已不在开发区经济统计范畴。

**第二产业** 古现地处沿海，又是烟台通往潍坊、青岛的交通要道，工业发展较早。清朝末年，域内即有私人开设的油料加工、食品加工、家具制作、服装制作等个体手工业。中华人民共和国成立后，人民政府帮助手工业者发展生产。1955 年，掀起手工业合作化高潮，域内组建联民木业社、建胜缝纫社、裕民红炉社、新华花边社 4 处较大手工业合作社，从业人员 1529 人，参股资金 5586.5 元。1958 年，在人民公社化过程中，古现组建集体所有制性质的古现公社修配厂和古现公社综合加工厂。

改革开放后，古现的镇办、村办工业快速发展，1985 年古现有镇办砖瓦厂、综合厂、砖瓦机械厂、交电制品厂、金属制品厂 5 家企业。2001 年，全镇有工业企业 106 家，实现工业产值 83021 万元，工业增加值 22360 万元，工业品销售收入 70915 万元。

富士康（烟台）科技工业园生产车间（2016 年） 米军 摄

金河实业生产车间（2014 年） 米军 摄

烟台 LG 乐金显示有限公司生产车间（2016 年）　米军　摄

烟台中金数据中心一角（2017 年）　米军　摄

2002 年，古现街道划归开发区后，域内工业提速发展，成为国内电子、汽车配件、葡萄酒工业生产基地。2019 年，古现街道共有规模企业 113 家，其中工业企业 64 家，年营业收入 309.5 亿元。

2019 年，古现街道规模以上工业总产值达到 305.5 亿元，工业利税总额 14.4 亿元，进出口总额 124 亿元。拥有 10 亿元以上的规模企业 2 家，大中型工业企业 10 家，另有规模以上建筑企业 5 家，年营业收入 18.8 亿元。

**第三产业**　清咸丰十年（1861），烟台开埠。受其影响，域内贸易经济迅速发展。中华人民共和国成立前，古现较有名气的商号有德泰、福春糕点，德意成、洪昌、仁昌日用杂货等十几家商铺。中华人民共和国成立后，私营商业通过合作过渡的形式，分别纳入国营和合作经济，成为社会主义性质的商业企业。1949 年年底，集体商业企业古现供销合作社成立。改革开放后，经过商业体制改革，古现逐步形成集体、个体、联合体多种形式并存的商业体系。2019 年，古现街道有各类商店 312 家，个体工商户 1500 户，注册资金 1.7 亿元。大型商贸市场 3 个，规模以上零售企业 9 家，年销售收入 2.36 亿元；规模以上住宿餐饮企业 6 家，年营业额 7.08 亿元；中型运输企业 1 家，年营业收入 4.9 亿元。2019 年，全街道社会商品销售总额 4.96 亿元；城乡集市贸易成交额 5.8 亿元；年进出口总额 124 亿元，其中进口 102.5 亿元，出口 21.5 亿元。

域内服务业与商业并生。清末民国初，古现已出现旅店、餐饮、理发、浴池等服务业。中华人民共和国成立后，增加邮政、电话电报、金融、机具维修等服务业。改革开放后，随着经济社会发展，计算机、电器维修、网络、快递、音像、婚庆等新兴服务业快速兴起。希尔顿、万豪 2 家五星级酒店先后落户古现街道。至 2019 年，古现街道有规模以上服务企业 20 家，服务业收入 14.6 亿元。

# 产业园区

改革开放以后，古现街道工业企业发展较快。特别是划归开发区后，古现街道凭借优越的地理条件、优良的投资环境，以及招商引资政策措施的落实到位，国内外一些知名企业，包括世界500强企业先后落户，如张裕葡萄酒集团公司、烟台冰轮集团公司、台湾鸿海集团富士康（烟台）科技工业园、现代汽车研发中心（中国）有限公司、万华化学总部及全球研发中心，有力地拉动与之配套的地方中小企业发展，逐步形成以电子信息、汽车产业、机械制造、化学工业、葡萄酒制造为主导的工业产业体系。至2019年，古现街道建成工业产业园区5个。

**张裕葡萄酒工业园** 工业园总投资50亿元，占地333.3万平方米。2001年，烟台张裕集团与法国葡萄酒业卡斯特集团合资在古现街道北于家村兴建烟台张裕卡斯特酒庄，占地140万平方米。2013年，张裕集团在古现街道大王家村兴建张裕葡萄酒研发制造中心，占地面积193.3万平方米。张裕葡萄酒工业园区分为参观体验旅游区、葡萄种植基地、葡萄酒加工生产基地三大片区。2019年，张裕葡萄酒工业园产各类葡萄酒60838吨，实现工业产值9.5亿元，营业收入9.6亿元。

**烟台冰轮智能机械科技产业园区** 烟台冰轮智能机械科技有限公司（原烟台冰轮重型机件有限公司）是上市公司烟台冰轮股份有限公司的控股全资子公司，2004年落户开发区古现街道，注册资金1250万美元，占地面积13.8万平方米，建筑面积14.6万平方米，下设铸造车间、智能车间、加工车间3个生产车间。2019年，园区有员工330人，工程技术人员50余人。

公司主要生产机床铸件、压缩机铸件、发电设备铸件、内燃机铸件、泵阀铸件、矿山机械铸件。公司铸件生产能力、技术和装备处于行业先进水平，产品出口日本、美国、新加坡、德国等国家和地区，出口量占产量的70%。

张裕葡萄酒工业园（一）（2019 年）　　米军　摄

葡萄酒生产车间

张裕葡萄酒工业园（二）（2016 年）朱岩　摄

张裕卡斯特酒庄（2016 年）　　朱岩　摄

冰轮重工生产车间（2018 年）　米军　摄

烟台冰轮重型机件有限公司外景（2016 年）　米军　摄

富士康（烟台）科技工业园（2020 年）　王仁勇　摄

富士康（烟台）科技工业园（2016 年）　米军　摄

富士康（烟台）科技工业园生产车间（2016 年）　米军　摄

**富士康（烟台）科技工业园**　园区位于黄金河北岸，原河北村村域，建筑面积 221 万平方米，分 5 个生产厂区、3 个生活配套区，有职工 6 万余人。2004 年 3 月，台湾鸿海集团富士康（烟台）科技工业园落户古现街道，项目总投资 30 亿美元，至 2019 年，完成投资 19 亿美元。

园区涉及游戏机、手机、液晶电视、面板模块、数码光学产品、小家电、机顶盒（含 DVD）及关键零组件（精密光学镜头模块、PCB 线路板）八大产品集群，是台湾鸿海集团在中国大陆的重要研发、生产基地。

**现代汽车研发中心（中国）产业园**　产业园成立于 2013 年，由韩国现代汽车集团独资成立现代汽车研发中心（中国）有限公司，注册资本 1.65 亿美元，总投资额 3.5 亿美元。研发中心位于开发区古现街道境内长江路西首，占地面积约 184 万平方米，建筑面积 9 万平方米，拥有一流试验设备的多座研发建筑单体以及具备世界领先水平的试验跑道及装备，是现代汽车集团在韩国以外设立的唯一一所综合性汽车研发中心，同时是山东省唯一一所汽车研发中心。研发中心于 2014 年开始投入运营，主要职能是研发和测试使用中国当地市场的传统燃料汽车和新能源汽车，业务涵盖产品调研、造型设计、零部件及整车的测试。2019 年，研发楼以及试验场跑道工程竣工，研发业务顺利开展。产业园有员工 1004 人，其中科技人员 767 人，韩国籍管理人员 141 人。

**万华化工产业园**　2019 年 11 月，万华化学总部基地及全球研发中心落户古现磁山，项目总投资 16 亿元，占地面积 22 万平方米，建筑面积 17.6 万平方米，是首批国家创新型企业、国家技术创新示范企业。

现代汽车研发中心（中国）产业园（2020 年）　　王仁勇　摄

# 社会保障

**养老保险** 2003年，开发区将区内失地农民由农村户口改为城镇居民户口（简称“农转非”），实行基本养老保险、医疗保险、生活补助（简称“两保一补”）办法。2009年12月，古现街道实施《烟台经济技术开发区新型农村社会养老保险暂行办法》，规定新型农村社会养老保险（简称新农保）坚持个人缴费为主、集体补助为辅、政府适当补助的原则，建立养老金领取标准调整机制，养老保险与家庭养老和土地保障相结合；街道、村的各种养老补助逐步向新农保制度过渡，保障水平逐步与全区农村经济社会发展水平相适应。

参保范围为16～59周岁，户口在开发区，且居住在开发区内的农村居民（含未享受失地农民有关待遇的“农转非”居民，没有参加城镇职工社会保险的居民和不是国家机关事业单位养老保险范围内的城乡居民）。基础养老金由政府每人每月补贴165元，个人缴费可在500～13000元内分11个档次缴纳。居民缴费500元以上的，政府按最低75元，分若干档次进行补贴，缴费5000元以上的，政府最高补贴650元。重度残疾人等困难群体，可选择100元的缴费标准，政府再补贴100元。居民去世后，个人账户积累的资金可连本带息由直系家属继承。

参保居民达到退休年龄，政府为其发放养老金（男性满60周岁、女性满55周岁的可不缴费直接享受农保待遇）。2015—2019年，古现街道新农保参保率100%。

**医疗保险** 2003年11月，古现街道执行《关于对失地农民由农村户口改为城镇户口并实行有关优惠政策的规定等三个规范性文件的通知》（简称《通知》）规定，对失地农民“农转非”及所辖村的渔民实行基本养老保险、医疗保险、生活补助。街道公布试行办法，对适用范围、享受待遇、缴费标准、资金来源、缴费办法及体制过渡等各方面做出明确规定。医疗保险同基本养老保险按规定同步进行。2006年，古现街道实施《烟台经济技术开发区新型农村合作医疗管理办法（试行）》，凡具有开发区户口且未享受“两保一补”政策的农业人口以户为单位，自愿缴纳当年度新型农村合作医疗（简称新农合）资金的，享受当年度新农合待遇。自愿参加新农合的村（居）民，每人每年缴纳15元，街道补助每人每年15元，省、市、区财政补助每人每年60元。农村低保户、五保户、重点扶助对象和残疾人参加新农合的，个人缴纳部分由区财政全额补助。2008年，开发区管委出台文件，对《烟台经济技术开发区新型农村合作医疗管理办法（试行）》进行补充调整，对实行门诊医疗费用报销制度和恶性肿瘤、白血病、尿毒症和肾移植抗排异治疗四种大病的门诊医疗纳入报销范围做出补充规定。古现街道依据文件调整每人每年报销费用、孕妇分娩费用、食物药物中毒治疗、意外伤害治疗等报销办法。2010年，古现街道新农合参保率达到100%。

2014年，古现街道根据《烟台市居民基本医疗保险暂行办法》规定，所有居民纳入城乡居民基本医疗保险，原参加新农合的居民按照新的规定缴纳基本医疗保险费，个人缴费分为每人每年100元和每人每年300元两个档次。政府补助标准为每人每年360元，享受二档缴费的医疗待遇。各类在校学生和未成年居民及特殊群体按一档缴费，享受相应的医疗保险待遇。

**失地农民保障** 2003年，开发区颁布《通知》，将失地农民由农村户口改成城镇居民户口，并依据有关文件规定的条件分别享受基本养老保险、医疗保险、生活补助、就业及住房分配和商用房经营优先等优惠政策。规定18～35周岁未就业的人员由人事劳动部门帮助就业，一年内仍不能就业的18～28周岁人员由居委会一次性发给4000元生活补助费，29～35周岁人员一次性发给6000元生活补助费，然后由其自主择业；一年内就业的，18～28周岁人员由居委会发放未就业月份每月333元生活补助费，29～35周岁人员发放未就业月份每月500元生活补助费。男36～60周岁、女36～55周岁，由居委会按每人每月100元标准发放生活补助费。其间，就业的人员停发补助费；失业的领完救济金后仍未就业的人员，继续按上述标准发放生活补助费。年满36周岁的人员，由居委会为其逐年缴纳基本养老、医疗保险金，缴费达到15年时停缴。待男满60周岁、女满55周岁时，由社会保险就业处（简称社保处）按月核发养老金。达到退休年龄缴费不满15年的，缴费补足15年后，由社保处发放养老金。男60～70周岁，女55～70周岁的，为其一次性缴15年基本养老、医疗保险费后，由社保处按月发放养老金并开始享受医疗保险待遇。70周岁以上不同意参保的人员，由居委会每人每月发给

街道劳保所为群众办理业务（2015 年）　　姚南通　摄

150 元生活补助费。2005 年，开发区人力劳动和社会保障局对落实《通知》若干具体问题作出处理意见。2003—2012 年，开发区先后发出 11 份关于失地农民社会保障的文件，出台各种规定和政策，并随着时间和形势发展，做出适当调整、补充和完善。2010—2019 年，古现街道为失地农民发放各种补贴 12.27 亿元。2003 年开始，古现街道被征地农民按月领取养老保险金。

同时，古现街道认真落实开发区管委关于进一步加强失地农民就业工作的意见，加强政策扶持，拓展失地农民就业空间，多渠道组织失地农民就业。根据开发区统一安排，对全街道失地农民中适合转移培训的劳动力 6017 人分期分批进行培训，使其掌握转移就业所需的基本知识和基本技能，确保使有就业意愿且具备就业能力而未就业的 18 ~ 35 周岁的失地居民百分之百实现稳定就业。2019 年，街道失地农民实现全部就业。

**特困户供养　低保**　20 世纪 50 年代中期，古现镇对无子女又丧失劳动能力的老、弱、孤、寡、残农民实行五保（保吃、保穿、保住、保医、保葬），大多数村办起敬老院，对五保户集中供养。但因物质基础差，1960 年前后相继解散，改由当时的生产大队承担分散供养。改革开放后，镇政府对农村五保户规定统一的供养标准，供养水平大幅提高。2006 年，古现街道在东吴家村建设现代化设施齐全的敬老院 1 处，将全街道五保户集中供养。当年，供养标准每人每年 3883 元。随着经济发展，标准不断提高，基金来源由市、区、街道三级财政按 2∶4∶4 的比例共同负担。2010 年，开发区在古现街道办事处所在地凤凰山东麓新建开发区社会福利中心，古现街道的五保户全部入住供养。2019 年，全街道的特困户供养户数为 181 户、238 人。

2014 年，古现街道根据《山东省社会救助办法》和《山东省最低生活保障管理办法》规定，对符合条件的困难家庭给予最低生活保障。

2017 年，对古现街道符合低保政策的 227 人发放扶助资金 255680 元，其中困难生活补贴 201000 元，低保重度护理补贴 29728 元，非低保重度护理补贴 24952 元。

**残疾人保障** 2009 年 8 月，古现街道领取中华人民共和国残疾人证人员有 968 人。2014 年，古现街道将残疾人贫困家庭纳入城乡社会最低生活保障范围，为全街道常住户口中男性 18 ～ 60 周岁、女性 18 ～ 50 周岁的残疾人免费提供参加团体人身意外伤害商业保险。政府为残疾人发放护理补贴、教育补贴、机动轮椅车燃油补贴等专项补贴。

自 2016 年，开发区全面建立困难残疾人生活补贴和重度残疾护理补贴制度。困难残疾人生活标准为每人每月 100 元，享受最低生活保障待遇的重度残疾人护理补贴标准为每人每月 240 元，其他重度残疾人护理补贴标准为每人每月 100 元，并根据经济发展水平、物价指数以及残疾人生活保障需求等因素适时调整。规定符合条件的残疾人可同时申请残疾人两项补贴；既符合残疾人两项补贴条件，又符合或因公致残、离休等生活补贴（津贴）、护理补贴（津贴）条件的残疾人可选择领取其中一类生活补贴和护理补贴。至 2019 年年底，全街道有持证残疾人 937 人。2016—2019 年，古现街道为困难残

开发区社会福利中心（2020 年） 王仁勇 摄

疾人发放生活补贴 52.8 万元，重度护理补贴 21.1 万元。2018 年、2019 年，为 36 名贫困精神病患者提供免费用药服务，为 81 名残疾人发放轮椅、拐杖、助听器；先后为 7 名肢体、耳聋、白内障患者申请免费义肢、助听器和白内障手术，免费为 256 名重度残疾人进行体检服务。

结合实施农村劳动力转移培训阳光工程，古现街道对就业年龄段有劳动能力和就业意向的残疾人进行培训，扶助他们就业、创业。

## 居民生活

**文化** 中华人民共和国成立后，古现街道文化事业得到大力发展。随着人民政治地位和经济生活水平提高，群众文化生活日益丰富。自 20 世纪 50 年代起，各村都成立俱乐部、庄户剧团，主要演出传统吕剧，如《小姑贤》《借年》及现代吕剧《李二嫂改嫁》《三世仇》等。其间，古现涌现出许多文艺骨干，如福山县“百花剧团”名角王镇山、董云禄、王立夫、朱元禄等。“文化大革命”后，许多村组织了文艺宣传队，年年参加公社和福山县文艺会演。

改革开放后，随着农村精神文明建设和全民健康活动的开展，街道群众文化体育生活更加丰富。至 2019 年，每个村均建成文化大院或文化广场。全街道成立群众舞蹈队 8 个，健身操队 8 个，全民健身活动站点 79 个。街道每年举行各种文艺会演和消夏晚会，丰富群众文化生活。

群众文化活动的开展促使文化新人新作迭出，涌现出王其耀、徐永发、李卫、王大蔚、王德钧、臧少丽、陈守蓉、王春刚等许多在书法、绘画、篆刻、摄影方面有造诣的文化新人。1978 年，王其耀等人合编的历史剧《雄风祭酒》获中国戏剧家协会山东分会“剧本奖”，1989 年再获“山东省泰山文艺创作奖”。徐家村九旬老人徐永发被中国农民书法家协会聘为理事。古现籍人王德钧系《新疆日报》主任记者，其作品多次在全国摄

2019 年 3 月 31 日，古现街道群众参加首届烟台市民文化节（一）　王仁勇　摄

2019 年 3 月 31 日，古现街道群众参加首届烟台市民文化节（二）　王仁勇　摄

篮球比赛（2016 年）　古现街道办事处　提供

2018 年 10 月 12 日，欢度重阳戏曲晚会
王晓蕾　摄

2019 年 1 月 5 日，和万家党群分中心开展“樊登读书分享会”　孙伟　摄

影比赛中获奖。中艺雅苑（北京）文化有限公司董事长、东村人王晶在烟台艺术学校吕剧专业学习时，就获得全国桃李杯优秀表演奖，后进入烟台吕剧院任演员，1998 年获山东省第六届艺术节表演一等奖。西藏家村青年女画家、中国美术家协会会员臧少丽在北京从事专业美术创作，2004 年，其作品《深宅春晓》入选第十届全国美展山东分展，多幅作品在全国画展中获奖，并先后参加日本大阪、奥地利维也纳国际书画展。

**教育**　古现自古有兴学重教之风。明清时期，古现王氏家塾声名远扬，造就大批科举英才。清光绪二十六年（1900），古现兴办凤凰山小学，为烟台较早的近代小学。光绪二十八年（1902）实行近代学制，光绪三十一年（1905）实行现代学校教育制度（小学 6 年制，其中初级小学 4 年，高级小学 2 年）。民国时期，古现域内较大的村庄都办起初级小学或完全小学。

中华人民共和国成立后，人民政府重视教育事业，古现教育事业得到发展。

**扫盲**　20 世纪 50 年代，古现区（乡）响应国家号召，积极开展扫盲运动，各村办起识字班和农民夜校，经过 2～3 年努力，40 岁以下农民基本脱盲。

**幼儿园**　1958 年开始，古现公社村村办起幼儿园。2002 年，古现街道所有完全小学均设幼儿班。划归开发区以后，幼儿园建

古现幼儿园庆祝“六一”儿童节（2017 年）
古现街道办事处　提供

凤凰山小学旧址（2018 年）　刘建国　摄

设和管理逐步规范化。至 2019 年，古现街道共有公办幼儿园 2 所，其中古现街道中心幼儿园有 6 个班级，在园幼儿 205 人。古现街道中心幼儿园柳林园区有 6 个班级，在园幼儿 186 人。民办幼儿园 7 所，56 个班级，在园幼儿 1844 人。

**小学**　中华人民共和国成立后，古现小学教育发展较快。20 世纪 50 年代，实现学生读初级小学不出村。至 2020 年，适龄儿童入学率达到 95% 以上。划归开发区前的 2002 年，古现街道有完全小学 8 所，适龄儿童入学率达到 100%。划归烟台开发区后，随着城镇化发展，古现街道小学进行整合。2019 年，古现街道有古现中心小学、烟台经济技术开发区第二小学、烟台经济技术开发区第三小学 3 所完全小学，在校学生 2493 人，教职员工 148 人。

**中学**　1958 年 8 月，福山县在古现凤凰山东北麓建福山第三中学（简称福山三中），为全日制三年制初级中学，通过考试按比例录取原古现人民公社小学毕业生，当年招收学生 2 个班、108 人。1958 年 10 月，福山县撤并至烟台市，福山三中改名烟台第十六中学。1962 年福山复县后，学校恢复原名。自建校至 1967 年，学制三年，有 3 个年级各 2 个班。1967 年年底，不再采取择优录取招生的方式，改为凡古现公社小学毕业生全部升初中，学校扩大为 3 个年级各 4 个班。1968 年增设高中部，设高中 2 个年级各 4 个班。学制为二二制，即初、高中修业各 2 年。1969 年，停招初中生，改为全日制高级中学，学制二年。1977 年恢复招收初中生，改为全日制完全中学。1983 年 11 月，福山县划归烟台市，为市辖福山区，福山三中改名烟台十九中。1985 年，有高中 7 个班，学生 282 人；初中 9 个班，学生 462 人，教职工 275 人。1988 年，取消高中部，改为全日制初级中学，学制三年，设3个年级9个班。2002年9月，古现街道划归开发区后，改称烟台开发区第三中学，为全日制四年制初级中学。2003年，有4个年级27个班，1300多名学生，132名教职员工。2010年，开发区第三中学迁往八角街道。2018年，开发区投资在古现街道原福山三中旧址西南、凤凰山北麓新建烟台经济技术开发区第八初级中学，在校学生699人，教职工56人。

**农业中学** 20世纪60年代初，国家对初中教育进行改革，由单一的全日制公办中学改为增加半工（耕）半读民办中学与之并行，称为“双轨制”。1964年，原古现公社设立半耕半读性质的农业初级中学（简称农中），招收公办中学未录取的高小毕业生，学校办公费由县教育局拨给，教师由生产队选任，或由原小学教师兼任。至1966年，古现农中、河北农中、山王家农中、臧家农中、四合农中、大王家农中6所农中相继成立。1968年年初，古现公社所有农中学生转入福山三中，农业中学停办。1984年，古现镇在河北村南举办镇办农业中学，招生1个班30人。经费由镇财政自筹，学制2年。除学基础课外，主要学习农业知识专业课。1986年，农中停办。

**联办中学** 1969年8月，古现公社建立联办初级中学（简称联中）。根据教育部门统筹安排，古现公社原有完全小学和较大的初级小学都设初中部，改为联中。全公社共建立联中8所。1974年前后，部分师资、生员及经济条件较好的村自办初级中学（与“联办中学”对称为“单办中学”），全公社建立单办中学2所。1977年，单办中学合并到附近的联办中学。1988年，古现镇联办中学全部并入烟台十九中（福山三中），结束农村联办初中的历史。

**医疗卫生** 中华人民共和国成立前，域内卫生条件差，疫病时有发生。中华人民共和国成立后，人民政府广泛发动群众开展爱国卫生运动。1950年，古现区成立爱国卫生委员会，订立爱国卫生公约，组织群众灭虫捕鼠、清扫卫生，境内卫生条件得到根本改善。同时政府加大对卫生医疗设施建设投入，1951年，古现供销社设医药品专柜，为群众提供治病药品。1952年前后，古现区在原古现东村“五大门”（后为老公社驻地）斜对面成立古现卫生所（后称古现地段医院）。1956年，福山县在古现成立中医学校，培养中医骨干。1957年前后，古现卫生所从原址移至古现北大街西首路南。1958年8月，古现公社在古现卫生所原址组建古现医院。

1958年，福山县成立麻风病防治站，地址在磁山东麓，占地120万平方米，建简易平房50间，站内有医生3人。1974年，麻风病防治站改为福山县皮肤病防治所。1983年7月，最后一名麻风病患者被治愈，麻风病在福山县绝迹。

绘画课

才艺表演

学生在微机室上课（2019年）
王仁勇　摄

课外活动

烟台经济技术开发区第三小学外景（王懿荣小学）（2018年）　王仁勇　摄

古现中心小学课间操（2018年）　王仁勇　摄

古现中心小学外景（2018年）　刘建国　摄

烟台开发区第三初级中学南校区（2020年）　王仁勇　摄

学校手工课

福山三中（烟台十九中）（1989年）
古现街道办事处　提供

烟台经济技术开发区第八初级中学学生升旗仪式

古现街道医疗服务

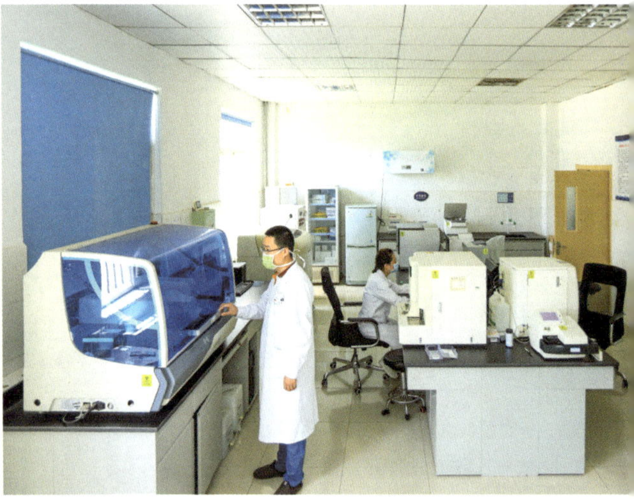

古现医院医疗设备

1965年，古现公社投资在古现北大街东首（现古现大街西）建古现医院，配备医疗设备，扩大门诊和病房规模，增加医护人员。2009年5月，古现镇在湘潭路5号建设古现医院新址，进一步扩大医疗规模，改善医疗条件，提高医疗水平。1979年3月，福山县在古现医院旧址成立福山县精神病防治医院，有病床47张、家庭病床180张、医护人员26人。1994年7月，医院迁至福山县城南芝阳山新院址。

1956年，古现区农村开始设立保健室，配备村卫生员。1963年，各村保健室改称卫生室。1969年，实行农村合作医疗制度，农村卫生室改称合作医疗室，由县乡卫生机构为每个村培训1～2名“赤脚医生”。

1981年，农村合作医疗室改称卫生所，“赤脚医生”经县卫生局培训考试，合格的人员取得乡村医生证书资格行医，“赤脚医生”名称取消。1985年，农村原合作医疗取消，村卫生所实行区卫生局管理，镇医院指导，乡村医生自主经营。2006年，古现街道根据卫生部统一规定，推行新型合作医疗制度。

2019年，古现街道有公立医院1所，村卫生室9个，乡村医生9人。

**居民收入**　中华人民共和国成立前，古现境内居民生活水平较低。特别是域内西部、南部及沿海村庄居民以打鱼、种地为生，难解温饱。中华人民共和国成立后，居民生活水平逐步提高。实行集体化后，农民按工分分配粮食和油料，少有现金收入。1970年，古现人民公社农民每年人均分配粮食184千克，油料9千克；1980年，古现公社农民年人均分配粮食246千克，油料6.5千克。改革开放后，农村实行家庭联产承包责任制，社队副业、家庭副业及乡村企业得到较快发展，农民人均收入逐年增加。1985 年，古现街道先后办起镇办企业 5 家，各村均有村办企业和个体私营企业，劳务收入、经营收入成为居民重要收入来源。2002 年，古现街道划归开发区后，域内 18 ～ 45 周岁的居民就业成为企业职工，收入来源为工资；部分居民成为个体私营企业主或个体工商户，收入来源为营业收入；60 周岁以上老年人主要靠养老金生活。在城市改造过程中，许多农村住房拆迁，农民分得的楼房除自家居住外，大多对外出租，租赁收入占较大比重。2019 年，古现街道居民人均纯收入 6.7 万元。其中，工资性收入占 47.76%，租赁收入占 8.96%，经营性收入占 35.82%，其他收入占 7.46%。

### 居民消费

中华人民共和国成立前，古现域内多数农民食不果腹、衣难遮体。中华人民共和国成立后，人民生活水平虽有较大提高，但居民节食缩衣，消费水平较低，消费结构比较单一，只在过年过节时衣食有所改善。

改革开放后，随着农村经济发展，居民生活水平大幅度提高，消费理念随之发生变化，消费结构扩展到衣食住行、娱乐健身、旅游多个方面，消费档次逐步提高。

**衣着** 中华人民共和国成立前后，居民衣着消费支出较少，“新三年，旧三年，缝缝补补又三年”，多数居民衣帽鞋袜是自家纺线缝制，生活条件好转后也是买布请人或自行量体做衣。改革开放前，国家实行布票供应制，最少的年份每人每年发 3.3 尺（相当于 1.1 米）布票，最多年份每人每年也不超过 18 尺（相当于 6 米）。20 世纪 70 年代，居民开始购买成品衣帽鞋袜，多为针织品或化纤面料。改革开放后，居民服装多从市场购买，毛料、皮革、丝绸等面料服装越来越多且款式多变，人们更注重品牌和时尚。

**饮食** 中华人民共和国成立前，域内居民饮食以糠菜为主，伴之粗粮。中华人民共和国成立后，随着农业生产条件的改善，粮食产量有所提高，但居民饮食仍以粗粮为主，米、面等细粮较少。50 年代，肉、油凭票限量供应，猪肉为每人每月 50 克，花生油每人每年 2.5 千克（折合花生米 6 千克），饮食消费占居民日常消费比重最大。改革开放后，生活水平提高，居民饮食消费支出比重逐步降低，其他消费支出逐年提高。居民的饮食结构发生重大改变，馒头、面条、水饺、米饭成为家常便饭，肉、蛋、奶、水果占饮食比重越来越大。

**住宅** 中华人民共和国成立前到 50 年代，域内大多数居民住房为麦草土坯房，低矮、窄仄，采光通风较差。70 年代后期，多数新建民居改为砖瓦房，设计为大门大窗、大间口、大跨度，带套间。房内设客厅、寝室、厨房、储藏室，甚至有书房、卫生间。部分居民建楼房。居民住宅消费支出占日常消费支出比例最大。随着开发区城市化进程，古现街道原农村居民大多数已住进安置楼。

**出行** 旧时，居民出门靠步行。20 世纪 40 年代，烟台开通的烟潍公路（沙土路）途经古现域内，由此开通一条通向古现镇驻地的支路，可通马车、汽车。50 年代中期，人民政府开通烟台往返古现的客运汽车，设在古现域内的站点有古现、三十里堡、南于家、马家。70 年代后期，居民购买自行车的越来越多。80 年代后期，摩托车数量增加。90 年代后，居民出行多骑摩托代步或乘坐客车。2000 年，部分居民开始购买小型汽车（轿车或面包车），或购买大型运输车辆经营客货运，乘坐出租车外出的居民越来越多。2019 年，古现街道 50% 的家庭拥有小型汽车，90% 以上的家庭拥有电动自行车。

**家居** 中华人民共和国成立前后，一般家庭摆设比较简单，主要有桌、凳、橱柜等。20 世纪 70 年代中后期，居民家庭流行手表、自行车、缝纫机。80 年代以后，居民普遍购置收录机、电风扇、黑白电视机、洗衣机、电饭锅等。进入 21 世纪后，居民家居设施品种繁多，档次提高。彩电、冰箱、空调、高级组合音响、微波炉、照相机、摄像机、智能手机、电脑等家用电器在居民家庭中越来越普及，城乡之间已无明显差别。

**娱乐** 20 世纪 80 年代前，古现居民娱乐消费支出较少，居民娱乐活动单调。80 年代后，居民主要娱乐活动消费项目是看电影、看影碟、唱卡拉 OK 等。90 年代后，看演唱会、听歌剧、看体育赛事成为主流。进入 21 世纪后，居民多练太极拳、健身气功，打保龄球、门球，游泳，练广场舞、健身操等，既能娱乐又可健身的活动成为时尚。部分居民开始外出旅游，居民娱乐消费支出比重不断提高。

草房（建于 20 世纪 40 年代）
古现街道办事处 提供

砖瓦房（建于 20 世纪 90 年代）
古现街道办事处 提供

# 三十里堡古城遗址

三十里堡古城遗址位于古现街道三十里堡村南300多米处，为一块地势平缓的坡地，上有黄土夯成的墙基，与周边汉墓相邻。据考，为春秋时牟子国古城遗址，迄今2500余年。

# 牟子国溯源

司马迁《史记·五帝本纪》载，古华夏五帝之一颛顼，系黄帝之孙，继黄帝位，号高阳氏。《史记·楚世家》载，其有一后裔名陆终。山东社会科学院研究员逄振镐《山东古国与姓氏》考据，陆终第五子曹则是牟人部落祖先，即牟人最初先祖为曹姓。《左传》载，周武王反商时，牟人参与反商战争，其首领为姜子牙手下的千户，助周取得胜利。后来，周公旦辅佐成王平定管、蔡、霍三叔叛乱，实施大规模分封。因周王室是黄帝后裔，作为五帝之一高阳氏的后裔，曹姓牟人也因系周室远古同宗被封于刚刚平定的东夷族地面，以加强对东夷诸部的统治。以姓氏为国名，封爵为子爵，成为牟子国。都城在今莱芜东10千米牟汶河之阳，即今济南市钢城区辛庄镇赵家泉村。之后牟子国部族在该地安居乐业，兴家立国，成为中国历史上最古老的方国之一。

**西周方国** 历史学家范文澜《中国通史简编》载，周公旦辅成王平定三叔叛乱后，成王封周公长子伯禽为鲁侯，定都鲁城（今山东曲阜）。封其外祖父吕尚（姜太公）为齐侯，定都营邱（在今山东昌乐县境）。齐鲁两国开国之君同为周朝重臣，但施政各具特色。鲁文化好礼重仁，长于守成，保守重礼，推崇一统王道；齐文化重在进取，善于创新，因俗简礼，个性张扬。但因同属西周列国，政治目标一致，故在西周200多年的强盛期，两国各守其道，相安无事，关系友好。地处两个强邻之间的牟子国，历经近400年的和平时期。西周幽王十一年（前771），周幽王被戎狄杀死，次年周平王迁都洛邑（史称东周），进入诸侯兼并、大国争霸的春秋时代，小诸侯国为自保，不得不依附邻近大国。牟子国迫于时势，甘愿附庸地域稍近、与周王室一脉血缘的鲁国，但也不得不敷衍齐国。《春秋左传》就有桓公十五年“牟人来朝”、僖公五年“公孙兹如牟娶焉”的记载。因齐鲁两国时常发生战争，牟子国处于两个大国之间，除要受到奉献物资的要挟外，有时齐鲁两国战场就在牟子国境内，史上著名的长勺之战与艾陵之战都在牟子国境域。后因齐鲁国力悬殊，曾为鲁国附庸的牟子国逐步为齐国控制。

周灵王五年（前567），齐国灭莱子国后，齐国周边除鲁国外均已归齐。已经称雄东方并有继续扩张之心的齐国不愿让牟子国臣民扼守要冲、安居其侧。出于战略考虑，齐国先后逼迫牟子国两次东迁。而牟子国已失鲁国庇护，无力抗争，只能离家去国，远走他乡。

**东迁古现** 牟子国东迁的时间无确切史料记载，史学界分析，第一次东迁大约在周灵王五年（前567），牟子国部族沿牟汶河而上，经沂源向北沿安丘汶河而下，定居汶河中游、牟山附近，史上安丘并入昌安县，改称牟乡城。该地村名带"牟"字的较多，如牟山店子、牟家庄村、牟家沟、牟山等。族人以牛为图腾，称牟族。牟子国东迁安丘后，迅速发展壮大，疆土日扩。出于战略考虑，齐国再次逼迫牟人东迁。《路史》记载："牟逼近临淄，乃迁于东海。"牟子国历史研究者邓庆昌认为："从史料分析，二次东迁时间在东周灵王十四年至二十四年（前558—前548）之间，东迁的目的地是今烟台市的福山区一带……"东迁的路线大体经过临朐、青州，沿渤海走廊往北沿海区域，到今天位于古现三十里堡村南的遗址位置。迁徙途中，老弱病残行走不便留在沿途，故至今沿途仍有牟姓人家和村庄。福山一带原为莱子国土地，齐国灭莱，莱人南迁后，牟人部族东迁定居于今福山城西北约15千米、古现村东约2千米的三十里堡村南。

## 牟城风貌

**古城位置** 牟子国遗址位于三十里堡村南300多米处一个面积约35万平方米的山冈上，海拔30米，距黄海不足千米。古现一带民间称之"古城"，古城南依绵延丘陵，西连巍峨磁山，东接沿海平原，北靠浩瀚大海。古城依山傍水，居高临下，易守难攻，处于较重要的军事位置。

三十里堡古城遗址（2003 年）　　古现街道办事处　提供

**结构布局**　牟子国古城的结构布局和建筑风格均未有历史资料记载。遗址残墙墙体为黏土逐层夯实，夯层明显有印痕，东墙墙基比较完整，依山势而筑，构成南端大于北端，南北长于东西的不规则的四方城池。城南墙高于其他三面城墙。

现存古城墙根部宽 20 米，上端平面为 16 米，高 6 ~ 8 米，城内大致平坦，南北长约 500 米，东西宽约 550 米，东北方向较高。城墙外有两条大沟，似是人工开挖的护城河。

遗址尚能辨清城东、南、北门的痕迹。城西南高于其他各区，明显为宫殿区，东南角设烽火台。城西北有一处疑似监狱遗址，地下朽木残洞仍可辨认。宫殿区下东北方向凹凸不平，似为旧街房屋倒塌堆积所致，冶铸铜铁的残渣址还有遗迹。该处可能是商业区域，南北有条中央大道。纵观古城，布局与齐国临淄故城相似，只是规模较小。也与现存莱芜赵家泉村的原牟子国都城遗址相近，但损毁程度比之更严重。

# 古城文明

**农耕文化** 考古学家王献唐研究认为，莱子国、牟子国是以种麦为主的农业部族，牟子国的得名也是源于农业。《诗经·周颂·思文》中“贻我来牟”中的牟为大麦。另据《文字源流浅说》记，古文字的“牛”是用它的正面形特点——鲜明的牛头来表现。牛的篆体字为ψ，上曲划代表牛角，下直划是牛耳。东汉许慎著《说文解字》载：“牟，牛鸣也，从牛。”说明牟子国兼有牧畜业，农业与牛耕是紧密联系的，牟部族以牛为图腾也就理所当然了。牟子国迁到的古现地是较平缓的地带，土地肥沃，是产粮的丰饶之地，牟子国人以优越的自然条件采用牛耕种植麦子，成为一个以种麦为主的发达农业国，也使胶东半岛的这个自莱子国灭后的“荒蛮”之地成为繁荣的富饶之地。

**渔盐文化** 周朝初立的牟子国生活在黄河下游的东夷地区，古时湖泽众多，其部族从事渔猎劳作，但仅是一种原始的谋生手段，未成为一种产业。牟子国东迁的黄海之滨海产丰富，并且在新石器时代居民已具备捕获深海大型鱼类的能力，极大地刺激后来的牟子国部族发展海洋捕捞业。与蓬莱一水之隔的长岛县，春秋时也在牟子国境内，20世纪80年代，该地先后发现数处文化遗址，部分涵盖了牟子国在胶东活动时期的遗迹。这些遗址中的鱼骨、石网坠和陶网坠证明那时当地渔民不仅普遍使用深海大型网，也表明拥有深海大型鱼类的黄海、渤海已成为胶东半岛的主要渔场，其重要经济鱼类是渔民的渔猎主产品。

1931年，由于宗潼总纂、肖鸿藻等人编修的《福山县志稿》载：“浮栏海口在县西北四十里，八角口东，今废。”有专家推断，这个久已废弃的浮栏海口应该是牟子国都城所在地三十里堡村与皂户头村后的小海湾，当年的牟子国渔民的渔船就在该处停泊。

牟子国东迁前，民间在内陆曾从地下抽取卤水煮盐，东迁到海滨后，将内陆制盐技术搬至沿海并加以改进，对胶东的制盐业发展起到重要作用。齐国把制盐生产场所称为

“盐灶”或“台子”，从事盐业生产的人家称为灶户，管理这些灶户的人称为灶户头。紧邻三十里堡牟子国故城的一个村庄，名字就叫“灶户头”（现改为“皂户头”）。在胶东半岛尤其是牟子国故城周围，还有许多村庄以灶（皂）户、北灶（皂）、盐场或某某台子为名。20 世纪 70 年代，烟台沿海多次出土青铜盐盘，有的直径达 1.7 米，深 14 厘米，重 101.5 千克。牟子国的制盐业不仅对当时齐国的经济繁荣起到支撑作用，也对后世历代制盐业及其工艺发展产生深远影响。清康熙《福山县志》载，明洪武年间（1368—1398），曾在福山县城北 7.5 千米处设立登宁场盐课司，管理制盐业和征收盐税，“城后海口，在县北十五里，登宁场盐课司煮盐于此”，该地后来冠名“盐场村”。这证明当时福山已是产盐重镇。

**冶炼文化** 在今牟子国古城遗址东北角，考古发现一处冶炼铁铜的遗址，其高台土层为红烧土层，有残渣遗存。20 世纪 60 年代，农民在整地治水过程中，于该处挖出过铜剑、铁剑、箭镞、铁犁、钱模等。这表明当时牟子国农业和渔盐业颇为发达的同时，已开始冶铜、冶铁、制币或锻造农具与刀枪，冶炼业也相当发达。

**图腾文化** 牟人原居多产野牛的雷泽地区，以牛形牛声的牟字为姓，以牛为部族的图腾。以种麦为主的农耕依然与牛密不可分，牛图腾作为农耕文明的标志，被牟子国人延续下来。东迁黄海之滨之后，沿海生活很大程度上改变了牟族人的风俗习惯，他们喜爱的文化标记在农耕之外又具有海洋文化色彩。陶器上常饰有鱼纹、鸟纹，器物绘有

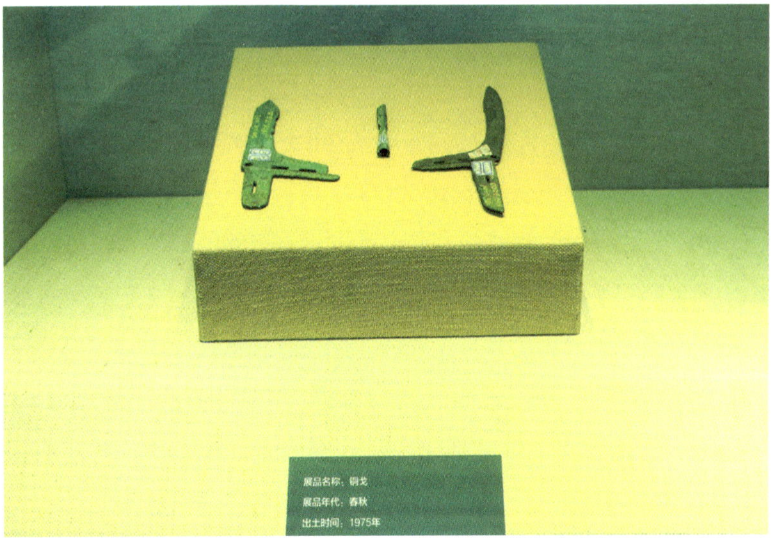


古现三十里堡出土的铜戈　　段浩杰　摄

鱼或鸟的形象，有的器物直接被做成鱼形。2016 年 6 月 10 日，在福山区域南王懿荣广场施工时挖到一处墓葬，据专家查验是一座西汉初期的坟墓，墓中出土各类文物 16 件，其中一件陶器底部发现两条整齐的鱼骨，均长约 40 厘米。墓主人的陪葬品包括两条大鱼，这在当时是身份和财富的象征，可见当时鱼鸟图腾已流传广泛。时至今日，在胶东鱼鸟的形象比比皆是。建房时，瓦当上绘鱼鸟，照壁上画鱼鸟，门簪、门墩上刻鱼鸟；新春门贴、窗花、年画上有鱼鸟；节日面食、菜品中和每年七月初七的巧果模上都有鱼鸟。鱼鸟装饰成为吉祥和财富的标志。

## 从牟子国到牟平县

**牟子国归终**　牟子国二次东迁定都三十里堡，其属地多大，史料无明确记载。晚清时期的文史学者与游历家叶圭绶著《续山东考古录》一书对福山县的介绍，第一句是："周牟国，齐迁牟国于此。"清康熙《福山县志》指出，福山"春秋为牟子国地"。蓬莱县修纂于清康熙年间的《蓬莱县志》载，蓬莱"春秋时为牟莱两国地"。据此，牟子国西边可达蓬莱、长岛。历史上，牟子国古城周围有 18 个村庄，村名前都被冠以"牟城"二字，如牟城吴家、牟城林家、牟城马家、牟城张家等，民间称"十八牟城"。牟子国都城之西的那座山也名为牟山——今之磁山。牟子国东迁前在今莱芜赵家泉的那座山和第一次东迁安丘时的那座山都曾名为牟山。辽阔的地域、农耕文化和海洋文化的融合使牟子国生产力得到较大发展，一度成为胶东的繁荣之国。

关于牟子国的灭亡，一说战国初期被齐国吞灭，《路史・国名纪》则载："牟，子国，楚灭之，为附庸。"在福山民间口口相传：秦时，牟子国故城住着一位牟子国王爷，因秦太强，不敢称王，隐姓埋名，过着平民生活。秦末群雄逐鹿，这位王爷再次称王，招兵买马欲恢复牟子国祖业。刘邦战胜项羽后，封韩信为齐王，收拾齐国河山，牟子国王爷审时度势，归降韩信，为汉朝效力，韩信保留了牟人的家园。汉朝廷下令，在牟子国故城不远处另立新城，为纪念战争胜利，也让牟子国臣民从此平复，永不作乱，新城被命名为牟平，即现在的古现。西汉元朔三年（前 126）设牟平县，县治设在古现。

关于牟子国灭后牟氏族人的归宿，据曾任《烟台时报》记者部主任的李攀在《寻访牟子国・十三》中记述，在芝罘区只楚街道芝水村的一位牟先生家里，他们看到一本光绪年间续修的《牟氏世代谱系》，其中这样记载："牟子：谨按子祝融之后，周武王得天下封于牟国，或沿先世之封亦未可知，桓僖之世见于春秋，今邑（福山）西北有牟城旧址、牟子冢在焉。"牟先生告诉我们，芝水、北上坊、南上坊等周围村有很多姓牟的，根据家谱记载，他们当初都是从栖霞铁口搬来的。铁口镇与上述村庄相距 30 千米左右，距古现不足 50 千米。福山区作协主席吕伟达当年研究牟子国史实时，曾多次到栖霞铁口寻访，在一位时任村支部书记的牟姓老人家中见过他的家谱，谱中确凿记述，其祖先是迁到福山三十里堡的牟子国后代。在铁口周边还有许多冠以"牟"字的村庄，牟姓人家随处可见。这些都证明至今牟子国部落的后世子孙们仍在胶东大地繁衍生息。

**牟平县治**　牟子国灭后，弃城西移，在位于磁山脚下今古现村一带建城，古现便是历史上最早的牟平县城。1991 年版《牟平县志》载："初汉，于今县境设东牟县，为青州东莱郡隶……时同郡另有牟平县。东牟县之名，当因其在牟平县东而来。"宋《太平寰宇记》载，此汉牟平治所，在今蓬莱县东南九十里故城。其地今属福山区境，一般认为即今古现村。此牟平县与当时的东牟县仅系邻县，与今牟平县境并无关系，即古今牟平县并非同地。1990 年版《福山区志》主编柳宗铎研究认为，汉武帝元朔三年（前 126），设牟平县，属青州东莱郡，县治在古现，当时称古㡆，又称古县。《说文解字》："㡆，布。出东莱，从巾，弦声。"也就是说，旧时古县以产布（丝绸）而闻名于天下，所以称古㡆。牟平县治止于北齐天保七年（556），计有 680 余年。到金天会九年（1131），南宋绍兴元年，伪齐刘豫析蓬莱、文登两县地之隅在两水镇（今福山区清阳街道）建福山县，其时牟平县治已移至古东牟（今牟平城），古县先后隶文登、蓬莱县，为区别县治地名，古县更名古现，沿用至今。

2005 年，柳宗铎撰文《汉之牟平城考》，不仅细述古牟平城周围现存的自然环境，认为与史料记载完全一致，还详细记载牟平县治古城遗貌："从现存遗址看，故城坐北面南，南北长约 500 米，东西宽约 550 米，主街有南北、东西各两条，形似'井'字，县衙位其中。据老人回忆，在遗址内古现西村西边曾有一所古城墙基址，墙外有条护城河，在今咸鱼市街西口处有城南门墙垛。东村崔姓村民旧居西侧，有南门，地铺石条。

古现村西南有块高地，称祭祀台，相传为古牟平县知县祭天的地方。附近还有一座楼（已塌），相传是知县吸纳民意之地，称南楼。两（地）名沿袭至今。”

汉代牟平城之所以设在古现村，是因为村东数里曾有牟子国。因古时牟平县治在古现村，故从明洪武九年（1376），全国始行保社制时，以保领社。明万历十年（1582），牟子国古城一带村庄被划为牟城社，而古现一带村庄被划为古县社。清乾隆《福山县志》中，把古现社记为古县社，将古现集记为古县集。

# 考古与发现

三十里堡古城遗址于1986年被烟台市政府列为市级文物保护单位，1992年被山东省政府列为全省第二批文物保护单位，但因种种情况，始终未发掘。其考古工作长期停留于对历史文献的探讨研究和调查中。2021年1月，开发区委托山东省水下考古研究中心编制完成《烟台市三十里堡故城考古勘探工作方案》，方案经山东省文化旅游厅批准后，4月21日至6月30日，山东省水下考古研究中心派出专业人员组成考古勘探队对城址保护区及城外建设控制地带进行了全方位考古调查勘探。通过2个多月的考察工作，考古勘探队探明了城址的形制，四面城墙的建筑方法、墙体结构，城门具体位置，及城址使用时期形成的路土和路面；探明了外城壕的大小和走向，开挖方式以及功能；探明了城内文化层的堆积厚度和分层结构，探出房屋建筑、水井、灰坑等遗址，由城门向城内延伸残存的断续路土痕迹；探明了城外北、西、南等方位保护范围与建设控制地带的墓葬、水井、灰坑等遗迹的分布，埋葬状况与数量。初步推断了城址及周围墓葬的年代与性质。截至11月10日，田野调查工作全部结束，《考古勘探报告》和《文物保护规划》在编制过程中。

**文献记载** 记录牟子国的文献，有关牟子国立国渊源的资料见于《世本·氏姓篇》《左传》《春秋》《汉书·地理志》《路史·国名纪三》《山东古国与姓氏》《中国地名大辞典》《莱芜县志》等，认为：其先祖为颛顼后代祝融之后曹姓，周朝初封为子国，即牟子国，地点在今莱芜东赵家泉村。有关牟子国两次东迁尤其迁往福山三十里堡的文献比较丰富。《牟子国故城》《左传》《牟国磁山》《牟国东迁考》，明万历，清康熙、乾隆三部《福山县志》，民国《福山县志稿》，中华人民共和国成立后编纂的《福山区志》及《续山东考古录》《蓬莱县志》《牟平县志》《汉元牟平城考》《东夷文化研究》《走进牟子国国都》《寻访牟子国》等认为：牟子国第一次东迁时间大约在公元前 567 年，齐灭莱后，东迁地点在安丘一带。第二次东迁时间大约在公元前 558 年至公元前 548 年，东迁地点为今开发区古现一带，国都在三十里堡村南。牟子国二次东迁后，实现由农耕文明向渔盐文明的转变。牟子国灭国后，汉代初期在古现一带设置牟平县，县治在今古现街道办事处驻地。

**牟子国寻踪**　2006 年 6 月,《烟台日报》旗下的《烟台晚报》与福山区文管所联合对牟子国发展历史进行一次调查，参加者中有《烟台晚报》记者部主任李攀、福山区文管所所长吕伟达等，相关人员沿史料所提供的牟子国东迁路线，自古现三十里堡至今济南市钢城区辛庄镇赵家泉村牟子国故城遗迹，进行详细寻访、调查，采访沿途所有带有牟字的村庄及牟姓人家，历时 15 天，获得大量珍贵资料，由李攀执笔，在《烟台晚报》连续发表

烟台晚报　烟台新闻[都市]　2006.6.28/星期三　责任编辑：王晓/电话：6631383

"成友中医院杯"头题新闻大赛

受本报邀请，已退休的原王懿荣纪念馆馆长吕伟达不顾年事已高，与记者一同参与了《寻访牟子国》系列报道的采访。返回以后，记者就此次考察采访对吕老师做了专访。

专家呼吁保护开发牟子国遗址

李攀访谈之寻访牟子国　烟台晚报　鸿运雨燕车队联办

成友颈腰椎风湿病中医院　五大绝活

《烟台晚报》发表《寻访牟子国》系列报道（一）

在我国首个"文化遗产日"到来之际，本报联合烟台鸿运·雨燕车队推出大型系列采访报道——"李攀访谈之'寻访牟子国'"。本报特派记者李攀特邀原王懿荣纪念馆馆长吕伟达，今日启程——

寻访牟子国，向西！向西！

《烟台晚报》发表《寻访牟子国》系列报道（二）

陶盂

陶罐　　段浩杰　摄

钱范

陶坛

陶簋　段浩杰　摄

鱼形盒　段浩杰　摄

《寻访牟子国》的报道。

**出土文物**　20 世纪 50 年代，三十里堡古城曾出土过紫砂、红砂陶瓷、铜剑和钱范，1958 年福山县并入烟台市时，收藏在烟台博物馆。“文化大革命”前后，三十里堡汉墓挖掘出的文物级别为二级，也保存在烟台博物馆。古城出土的陶鼎现存福山博物馆。《烟台区域文化通览》载，20 世纪 60 年代，农民整地时已有钱范、刀币、铁犁、石磨、瓦当、陶瓷和冶炼残渣等出土，但没有提供收藏在何处。北京大学考古系曾对三十里堡古城进行过考古研究，并绘制过一幅古城布局图，存放于福山文管所，因文管所数次移址遗失。

**保护管理**　古现三十里堡古城遗址于 1956 年被山东省人民委员会列为省级文物保护单位，1977 年附属于汉墓群中保护，1979 年被原福山县列为县级文物保护单位，1986 年被烟台市列为市级文物保护单位，1992 年被公布为山东省第二批文物保护单位。其管理机构为福山县（区）文物管理所，规定遗址往外四周 1000 米内为保护地带。2003 年古现划归开发区后，古城遗址由开发区工委宣传部文化处管辖，但未成立专门的管理单位。

# 中国鲁菜名镇

发源于山东的鲁菜是中国北方菜的代表。中国菜系在清朝初年形成鲁菜、川菜、粤菜、苏菜四大菜系，清朝末年衍生为鲁菜、川菜、粤菜、江苏菜、湘菜、徽菜、闽菜、浙江菜八大菜系。鲁菜由以海鲜原料为主的福山菜、以禽畜原料为主的济南菜和兼收二者之长的孔府菜三大风味流派组成。古现所在的福山是鲁菜发祥地之一。

# 鲁菜与古现

福山菜是鲁菜的三大派系之一，古现则是福山菜的原乡。

**起源** 古现依山傍海，资源丰富。北部、东部为冲积平原，土地肥沃，是老福山县的粮食主产区；西部、南部为丘陵，山地水果品种繁多；黄金河、柳林河、南夼河三河流经域内，汇入黄海，盛产淡水及海淡两合水鱼虾；以磁山为主脉的大小山岭林木茂盛，蕈类、野菜等山珍种类丰富；古现北邻黄海、渤海，海岸线绵长，海域广阔，海产品品种多、产量大、品质好，特别是海参、对虾、鲍鱼、海肠、扇贝等小海鲜久负盛名，为古现菜提供了丰富的食材。

“一方水土养一方人”，古现自古是福山的核心区域，春秋时期，牟子国自鲁中迁至古现三十里堡后，农耕文化和渔盐文化相互融合，渔业、盐业、制陶业、冶炼业十分发达。“盐者，百肴之将”，盐的出现催生了烹饪的多样化，使食品的储藏加工更方便，食物由单纯的烹进化到调，带动古现民间烹饪技法产生质的飞跃。陶器和铁器的使用、铁锅取代铜釜为炒、爆、烹、炸等技法的产生提供了物质条件。

**发展** 古现人注重饮食，讲究礼仪，热情好客，家家会吃，人人善烹，民间有“三辈学吃，五辈学穿”之说。过年过节、来人待客，家家都做得出好饭菜。

古现民间家常饮食具有浓郁的地方特色，古现人喜欢吃、喜欢做，邻里相处、走亲访友，往往喜欢切磋烹饪技艺。一些菜肴经过民间提升改造，往往成为一方名菜，由此催生一批民间烹饪高手。

唐宋时期，古现一带烹饪业已十分发达，带动引领福山烹饪业的发展，构筑福山菜系的基本特色，饮食礼仪日臻完善。

明朝以后，福山古现一带的厨师逐渐走向全国各地，以海鲜为主的名菜佳肴从民间走进宫廷王府。明代宦官刘若愚创作的笔记《酌中志》载，万历皇帝喜将海参、鲍鱼、鲨鱼筋与肥鸡、猪蹄筋共烩进食，是为福山名菜“烩海鲜”进入宫廷、成为御膳的最早记录。清朝初期，以古现菜为主体的菜品风格基本定型，因隶属福山县，最终冠名“福山菜”。

明清时期，古现王氏家族科第绵绵，成为远近闻名的官宦世家。逢年过节，诞辰添丁，婚丧嫁娶，迎来送往，古现人往往大宴宾客，名师大厨竞相献艺，促进了古现菜的发展。王氏家族中一些高官也是优秀烹饪技艺和名菜佳肴的发明者、传播者。如清康熙年间（1662—1722），户部尚书王骘用福山名吃“三不沾”明志治吏，光绪年间（1875—1908）国子监祭酒王懿荣发明“煎雏肉”和“全家福”，在鲁菜史上被传为佳话。

经济发展是古现烹饪业发展的重要推动力量。古现水陆交通发达，自古客商云集，商业繁华，境内三十里堡是历史上官府的重要驿站，现在的烟青一级公路、206 国道是原秦朝设立的驿道古路。古现的八角港曾为历史上对外贸易与交流的商埠，这为古现成为福山菜发源地提供了有利条件。因为自古外出做官或经商的人较多，外地的商贾富绅也常来常往，有钱人讲究吃喝，这些“美食家”为古现餐饮业的发展加上重要砝码。清咸丰十一年（1861），烟台开埠以后，为古现一带经济发展和烹饪业的兴旺助力。

**传承**　中华人民共和国成立后，特别是改革开放以后，以古现海鲜菜为特色的福山烹饪业得到较大发展。福山区于 2001 年成立福山烹饪协会，同年 8 月 8 日，中国烹饪协会召开“山东烟台福山——鲁菜之乡”认证会。协会成立后研究整理福山菜的发展历程和特色菜品的烹饪技艺，挖掘流传在民间的传统菜品，发现新食材、新技艺和新菜品。加强与国内外福山籍名师大厨的联系，举办全区餐厅厨师和服务员的培训，举办全区烹饪技术大赛。同时，与区外餐饮组织加强交流。福山烹饪协会先后组队派员参加“全国第五届烹饪技术大赛”“首届中国鲁菜饮食文化节”“中国（烟台）五彩缤纷国际美食节”“中国国际美食节暨中华鲁菜技艺大赛”等。历次大赛中，古现籍厨师都有出色表现。2019 年 9 月，古现街道被山东省餐饮与住宿行业协会、山东省鲁菜研究会、山东省鲁菜发展研究中心授予“中国鲁菜名镇”称号。

**古现帮**　明清时期，古现厨师队伍日渐壮大，并跻身海外。这些名师大厨相互切磋、交流，拜师带徒、抱团谋生，逐渐形成盛名远扬的“古现帮”。中国现代作家张友鸾在《北京菜》中写道，解放前“在北京有名的大饭庄，比如什么堂、楼、园、居、春之类，从掌柜的到伙计，十之七八是山东人；厨房里的大师傅，更是一片胶东口音”。

2013 年 9 月，第五届中国（烟台）国际美食节举行

据统计，从清朝至今，在北京由福山人经营或主持掌灶的饭馆有 100 多家。

中华人民共和国成立前，古现一带在京津从业的厨师众多，仅大王家一村在天津就达 200 人。开业于清道光二年（1822）的北京“八大居”之一“同和居”是京城较早的山东风味饭店，掌柜和厨师都是古现人。20 世纪 20 年代，天津规模最大的饭馆是“登瀛楼”，除有总号外，还有“雅座”和“支店”两处分号，总掌柜也是古现人。其中，担任总号掌柜、当灶厨师、二灶、墩子师傅、二墩、烤鸭师重要职务的有 10 多人，都是古现各村人。古现人在上海、青岛、哈尔滨、大连等城市从事烹饪业的也大有人在。享有“国宝级烹饪大师”称号的北京丰泽园饭庄技术总监王义均、曾在北京“萃华楼”任头灶厨师的曲有功、北京“全聚德”头灶厨师吴兴裕、上海“丰泽楼”当灶厨师吴语延、大连“群英楼”高级厨师张传本、“山水楼”特级厨师于政礼、烟台烹饪协会副秘书长“中国鲁菜大师”于振龙都是古现厨师中的杰出代表。

在漫长的历史岁月中，“古现帮”厨师靠厨艺谋生的同时不断积累经验，提高厨艺。在与社会交往、同行交流中吸纳百家之长，他们不断创新，促进了福山菜的传承与发展。

**鲁菜泰斗王义均**　王义均生于 1933 年 4 月，古现街道河北村人。1945 年，王义均到北京“八大楼”之一的致美楼饭庄学徒。1946 年，经北京名厨吴幻官举荐，他到正宗鲁菜享誉京城的丰泽园饭庄学徒。13 岁的王义均从倒泔水、扫院子、刷碗、掏炉灰开始，付出了常人做不到的努力，被师傅提拔去厨房“蹭勺”。所谓“蹭勺”，就是把师傅每做完一个菜的勺拿炉灰细磨、洗净、烘干。当时的丰泽园饭庄有 3 个火眼，汤勺 47 把，每天王义均要“蹭勺”上百个。王义均在“蹭勺”的同时认真琢磨师傅们的厨艺，

王义均（前排左三）出席全国鲁菜大赛　　　　古现街道办事处　提供

每次都刮出一点残汁品尝，细心体会。天长日久，他学到了赋味的技巧。他刻苦钻研厨艺，尊敬师长，任劳任怨，赢得各位师傅的欢心，大家都把厨艺传授给他。王义均博采众长，融会贯通，终于成为一名厨师，并形成独特风格。

1954 年，21 岁的王义均作为中国代表团饮食文化表演的最年轻代表赴德国参加国际博览会，以拿手好菜“葱烧海参”“砂锅鱼翅”获得优秀纪念奖。1955 年，在元帅、将军授衔宴会上，他被请去担任厨师。1963 年，王义均成为北京市第一批一级厨师。

王义均擅长爆、炒、熘、扒、烩等烹饪技艺，他烹制的海味以浓少清多、醇厚不腻见长，讲究色、香、味、形等。他善于在传统的基础上改革创新，拿手菜是丰泽园饭庄的当家菜“葱烧海参”。这道菜经过反复研究改进，在色、香、味、形各方面有了质的飞跃，成为质地软润、色泽光亮、味道鲜美、葱香浓郁、食后盘内极少余汁的名菜。王义均做菜都是原料做两次以上热加工而成，保证菜肴口味纯正、清淡利口。不论何种烹制方法，他都强调火候掌握恰到好处，尽量做到不过犹不及，突出口味的清、鲜、脆、嫩、纯。他的制汤技法造诣颇深，制作的各种清汤、奶汤味道鲜美，清而不薄，浓而不腻，回味悠长。王义均的代表菜品有葱烧海参、龙须全蝎、烩乌龟蛋、锅烧肘方、糟溜鳜鱼片、酥炸鱼条等。

20 世纪 70 年代末，王义均被授予“特一级厨师”称号。1983 年，在商业部举办的全国名师技术表演鉴定会上，他获双金奖，被评为“中国十大名厨”之一。2000 年 4 月，被国内贸易局全国饮食业标准化技术委员会评为“中国烹饪大师”。2002 年 9 月 19 日，在北京烹饪大师考核命名仪式上，王义均被授予“国宝级烹饪大师”称号。

1982年，王义均赴日本进行烹饪技艺表演，吸引了日本各界人士。1984年，意大利格兰酒店百年大庆，邀王义均去表演。1986年，王义均被派往美国新泽西州中国饭店进行技术表演，新加坡总理李光耀亲临现场观摩。2000年3月，王义均被世界烹饪协会聘为第三届世界中国烹饪大赛评委。

王义均曾多次为党和国家领导人宴请外宾服务，接待外国元首和贵宾。王义均著有《中国名菜集锦》一书，他多次被评为北京市“先进突击手”“优秀共产党员”，获得北京市“五一劳动奖章”。王义均现任中式烹调国家一级评委、国家中式烹调职工技能鉴定专家、国家名厨编委会高级顾问、中国名厨专业委员会顾问、中国烹饪协会理事、北京市烹饪协会副会长。2019年10月，王义均获中共中央、国务院、中央军委颁发的“庆祝中华人民共和国成立70周年”纪念章。

## 经典菜品

**海鲜类** 福山地处黄海，海产品丰富，有质地优良的海参、鲍鱼、对虾、乌鱼、扇贝、海蛎、海蛏、海肠、偏口鱼等。

海参，特别是黄海产的刺参，蛋白质极其丰富，为重要滋补品，是中国20多种食用海参中的极品。古现菜中有关海参的烹制技法有很多，有葱烧海参、虾籽海参、蟹黄海参、红烧海参等，味道鲜美，是久负盛名的名贵菜肴。

扇贝的干制品干贝肉味鲜嫩，古现菜以干贝为原料的芙蓉干贝、绣球干贝、红烧干贝、爆辣干贝都是驰名中外的菜肴。

鱼翅以鲨鱼鳍干制而成，鱼翅与燕窝齐名，宴席上常把鱼翅列为上品。古现有名的鱼翅菜有清汤金鱼翅、三丝鱼翅、扒蟹黄鱼翅等。清汤金鱼翅是名贵菜肴，是用鱼翅、鹌鹑蛋制成“金鱼”平摆于盘中，上屉蒸好，放入清汤中，鱼形逼真，翅丝欲动，有“鱼翔浅底”“金丝浮波”之意趣。

古现沿海生产的珍贵小海产品品质优良，如乌鱼、鱿鱼等产量多，质量高。烹制多用鲜货，少用干制品。牡蛎个大肉厚，蛏子体长味鲜，大蛤、海螺肉质鲜嫩，加以佐料适当烹制，令人百吃不厌。

**淡水鱼类** 古现淡水鱼制作兴于20世纪60年代初。古现厨师烹制的淡水鱼风味独特，既有别于川粤菜系淡水鱼菜肴，又不同于海鱼菜品，主要有红烧鲤鱼、糖醋鲤鱼等。这些菜品既保持古现风味鲁菜咸鲜适口的基本特征，又呈现清鲜、脆嫩、细腻等特点，为福山风味鲁菜增添了新的门类。

**禽畜类** 烹制陆畜飞禽是古现厨师的一大绝活儿。据王义均介绍，古现菜以鸡、鸭、猪、狗、牛、羊、鸽及蛋类为料的菜肴就有几百种。常见的有炸鸡签、酱大排、红焖鸡、熘杂拌、锅烧里脊、酱牛肉、烧大肠、红焖肚、熘腰花、熘肝尖、糖醋排骨、四喜丸子、炸八块、金银鸡、干烹小公鸡、空心丸子、干炸里脊、汤爆肚、爆双脆、干贝肚、琉璃丸子、锅烧肉、芙蓉鸡片、辣子鸡、锅塌肉、鸿运当头、炸春卷等。古现厨师还能利用可食用原料制作出上百种具有观赏性的花式冷荤菜品。

**蔬菜类** 古现菜讲究荤素搭配，一桌菜必有素菜垫席，如春季有苜蓿韭菜、芙蓉韭黄、炸椿头、椿头丸子，夏季有红烧茄子、西红柿鸡蛋、清炒辣椒、清炒黄瓜、风味茄子、干煸芸豆，秋季有干煸头菜、醋熘白菜、清炒丝瓜，冬季有炒雪里蕻、炒绿茶豆、炒豆芽、虾炒萝卜丝等。这些素菜搭配在酒席宴上，既增加了菜品的花色，又起到平衡膳食、调适胃口的作用。

**甜食类** 古现甜食多以水果为原料，古现水果驰名中外，享有“苹果之乡”“大樱桃之乡”美誉。四季盛产的鲜果和干果按照时令季节，经常被列入招待贵客的宴席，俗称醒酒盘，如拔丝地瓜、拔丝山药、蜜汁百合、冰糖莲子、冰糖桃梨、如意南瓜、大樱桃果汤及什锦果盘等，在宴席上起到锦上添花的作用。

# 旅游休闲

古现依山傍海，风光秀丽，旅游资源丰富。凭借优良的环境资源，古现街道相继开发建设磁山温泉小镇、张裕葡萄酒庄小镇和天马浪漫海滨旅游区，发展文化旅游产业，打造休闲养老基地。

# 磁山温泉小镇

## 区位环境

**区位交通** 磁山温泉小镇所在地磁山位于开发区古现街道办事处驻地西约3千米处，交通便捷，距烟台蓬莱国际机场20千米，距烟台港30千米，距烟台火车站30千米，30分钟均可抵达。与荣乌高速、沈海高速、钐八环城高速互联互通，周边有302省道、古张路、中古路。211路公交车自烟台火车站直达磁山温泉小镇。

**环境资源** 磁山雄伟瑰丽，又名笔架山、三仙山。自东向西看，三峰耸峙，形如笔架，中峰雄浑壮观，状若仙桃。夏秋时节云遮雾绕，三峰匿影云海之中，山海相连，海天一色，山峰出露，若“海市蜃楼”。

**地质** 磁山属元古代蓬莱山脉，形成于距今10亿年前的造山运动。磁山岩石主要

雨后磁山（2020年） 磁山温泉小镇 提供

为石英岩、板岩、泥灰岩、石灰岩等。裸露岩石为花岗岩和片麻岩，石质为灰色。土质属棕壤，质地为轻壤，成土母岩为变质岩。阴坡土层较薄，阳坡较厚。磁山北麓有一块巨石横卧山背，长 10 余米，宽 6 米，厚约 2 米。经鉴定，巨石为一块陨石。陨石色乌如铁，吸力较强，农民在附近劳作，铁制农具时而被吸至石上，故知此山有磁，磁山由此得名。

**植被** 磁山植被丰富，树木花草茂盛。乔木以黑赤松为主，间有刺槐、臭椿、栎、合欢等。山中磁山庵旧址有一株老茶树，据传系 400 多年前古现王氏八世祖道增所植。中华人民共和国成立后，古现历年植树造林，又增加侧柏、雪松、龙柏、法国桐、黄连木、火焰树、柿树、木槿、樱桃、茶树等。灌木主要有荆条、映山红、迎春、胡枝子、紫槐、棘等。野草主要有黄背草、茅草、苦草、臭蒿、葎草、山麦、田皂角、水竹、狗尾、马唐、羊胡、山胡椒、牛毛草、山丹等。磁山中药材有 300 余种，如丹参、紫参、苦参、小蓟、桔梗、翻白草、茵陈、茜草、金钱草、益母草、车前草、苍耳、葛根、艾、野菊花、白头翁、蒲公英、地黄、瞿麦、防风、苍术、紫苏、扁刺蔷薇、薤白、瓜蒌、柴胡、马齿苋、透骨草、忍冬藤、黄精、玉竹、灵芝、地丁、地榆、薄荷、远志、百合、射干、半夏、地肤子、紫草等。所产野生黄芩品质优良、药效独特，是清热解毒的良药，被中医视为珍品，称之“磁芩”。

磁山植被（2017 年） 刘建国 摄

磁山温泉小镇（2020 年）　匡松　摄

**小气候**　磁山地处黄海之滨，与古现街道辖区同属北温带季风型大陆性气候，但因受海洋、地形及植被影响，形成独特的气候小环境。夏无酷暑，冬无严寒，夏季雨量充沛且集中。年均气温 12℃～15℃，年平均降水量 651.9 毫米，无霜期 210 天。夏季，山中云雾较浓，空气湿润、凉爽清新，是理想的避暑之地。冬季，南北走向的山梁阻挡了西北凛冽的寒风，故磁山阳面气温较高，积雪易化。当地民谚“春冷风大回暖晚，夏爽多雨高温短，秋温不燥冷来迟，冬暖雪多风裹寒”形象地概括了磁山的气候特点。磁山空气清新洁净、含氧量高，每立方厘米含负氧离子 2.5 万～2.8 万个，有“天然氧吧”之誉。

**泉水地热** 磁山自古有温泉，清乾隆举人、福山人于櫑著《磁山庵碑记》载："束山之腰，络山之胶，宛转而过厨下者，则正流之奇泉也……"奇泉在磁山南峰之东麓，常年流淌，四季温热；三九严寒时，泉水温暖如常，泉边青草不枯。

磁山饮用水资源丰富，有佛饮池、始皇泉、汉武井三大水源。水质清澈甘甜，含多种有益矿物质和微量元素，其中锶、硒和偏硅酸含量高出普通水 4~5 倍；磁山温泉水来自深 1580 米的地下岩隙，井口水温 56℃。

磁山温泉小镇日出（2020 年）

匡松　摄

磁山瀑布

仙人洞 磁山温泉小镇 提供

## 小镇布局

磁山温泉小镇按功能划分为风景名胜区、颐生疗养区和温泉度假区三大区域。

### 风景名胜区

磁山瀑布，为烟台八大景之一，位于磁山庵旧址旁，陡崖峭壁，高数丈，宽五丈（约16.6米）有余。属季节性瀑布，每逢雨季飞瀑垂挂，激流喷涌，水帘撞击岩石，如擂鼓鸣，声震山谷，极为壮观。

仙人洞，俗称磁山洞，位于磁山庵旧址西侧崖壁瀑布之下。洞口呈扁圆形向东而开，高3米多。洞内宽敞，可容百余人。地面平整，有石形如墩座，可供人坐。传说八仙过海前曾在此洞中谈经论道。洞壁石缝间终年有泉渗出，在洞内汇而成潭，称“佛饮池”，周围村民经年取用。洞口上部及两侧为峭壁。松柏、古藤生于缝隙间，虬枝盘曲嶙峋，藤条纵横交错。由磁山洞东去10余米，又有一个小洞，洞口可容一人，称“通海洞”。该洞直通山北黄海。

磁山古道，为去阴主庙、磁山庵和仙人洞必经之路，道旁竹秀、树茂、崖危、涧险、石奇、洞幽，尽显造化之鬼斧神工。

天阶一线天，天阶又称仙阶，位于仙人洞旁，天阶以石为阶，长30余米，路窄，可容两人并行。自阶下上望，最窄处仅余一线天。传说唐太宗李世民东征高丽时，路过磁山，因巨石挡道怒而拔剑劈之，山石应声而开。

汉武井，又名磁山第三泉，位于汉武广场。无论旱涝，汉武井四季充盈、泉水甘洌，周围村民及游客多喜取而饮之。传说汉武帝到磁山祭拜阴主时，时值久旱，大军供水不及，汉武帝掷戟于此，拔戟则泉涌成井，军民取之不竭。

天阶一线天

金牛谷

汉武井 磁山温泉小镇 提供

秦皇西眺　　石老公　　磁山温泉小镇　提供

金牛谷，在磁山入口处，集险、奇、秀于一体，古树参天，奇石嶙峋，夏季尤为清爽，是避暑纳凉的好地方。金牛谷为古现黄金河源头，河沙含金。传说金牛谷是阴主娘娘坐骑磁山金牛栖身之所，磁山金牛在此食仙草、饮神泉，将金银尿排泄到黄金河。

秦皇西眺，位于小天池和笔架石之间，山势陡峭，悬崖如壁，风光险峻壮丽，其间有一块摩天巨崖，形似秦皇伫立，眉眼如生，西眺咸阳。

石老公，磁山中峰半山腰有一尊瘦削屹立、高达数丈的巨石，形似一个男子傍峰而立，凝望东北八角海湾里一块似人佝偻的礁石。

百福塔，位于磁山南峰前万寿峰上，2010 年复建。塔分 7 层，高 33 米，为磁山标志性建筑，雄伟庄严。塔顶为钛金宝刹，随日光流转发光，顶层有祈福铜钟，撞击声激扬洪亮，声播四里八乡，隐含“造福四方”之意。百福塔左右另有禄、寿两亭，拱卫福塔。

阴主庙，旧址位于磁山樱桃涧仙人洞旁。阴主，古代传说八神（主）之一。《古今图书集成·山川典》载：“之罘山在县东北四十里……其大麓有阳主祠，海之南有三山，有阴主祠遥相对应之。”三山，即与芝罘岛相对的磁山。王鹭所撰《移建阴主庙记》载，清朝初年，原阴主庙在樱桃涧，因受水害，已倒塌，后王道增、王鹭父子商量，经福山县令李腾龙准许，筹资兴建，将阴主庙迁建至磁山之北麓马山王家别墅地。“旧祠置磁之东小山背之坳……复隘溪涧水涨发，冲蚀其下，庙貌易颓。……后祠益圮，塑像经霖潦成涂泥……磁之北陲有马山者，为吾别墅地……凭乎可移置焉。”碑记详细记载了阴主庙的位置、规制、面向等。

百福塔

据村中年长者口述：原阴主庙中轴对称布局，建有戏台、山门、大殿、下殿、后殿等，由南向北一线排开；中间有“工”廊连接，皆为石基砖墙木构梁架，硬山式小灰瓦顶。庙中戏台北向，方形高台基，南侧有戏房。台设四石柱，歇山式卷棚顶，翘角飞檐。山门为过道式，门上纵悬木匾，左右看房各5间，前殿、正殿各3间，设前廊，正殿前东西侧殿各5间，后殿5间。抗日战争期间，阴主庙毁于战火。

磁山庵，旧址在磁山瀑布东北樱桃涧。明万历《福山县志》载：“磁山庵在县西北四十五里，磁山洞之北，创始无考。洪武三年（1370）僧禧果重修。”《磁山庵碑记》载：“……山半有古刹焉，辉煌金碧，光彩照人，望之者疑为珠宫贝阙也，实则磁山庵也。……于是历山门，憩庵下，恍疑此身在云霄间，以为此山之奇尽此矣。”当年，磁山庵香火甚旺，周边居民常去烧香求愿，据说“有求必应，无不周全”。沧海桑田，万物兴衰，磁山庵也难免毁于战火。现存磁山庵遗址规模不大，残壁断墙，见证着往昔的兴盛与辉煌。庵北遗址上尚存一个石碾，碾盘直径1.6米，厚30厘米，碾盘、碾砣均为青白相间的花岗岩，为当年庵中僧人碾米所用。

憩龙亭，为六柱双檐式凉亭。相传当年秦始皇东巡拜祭阴主时曾在此歇步小憩，时人建亭纪念。其后汉武帝到此祭祀，当地官员遂将其翻建，更名静心亭。古亭毁于战火，今之亭为后人复建。

长城，位于磁山中峰山脊处，蜿蜒1000余米，分古今两道。据明万历《福山县志》记载，古长城系明嘉靖年间抗倭名将戚继光在胶东抗倭时所建，今尚存250米遗址。所建处山陡路险，其后断崖深谷，人兽难攀，极其险峻，易守难攻。今长城为现代仿古长城而修，与古长城相接，长1360米。

憩龙亭

古长城遗址（2019年）　　磁山温泉小镇　提供

文化广场一角　　磁山温泉小镇　提供

仙姑湖（2020 年）　　磁山温泉小镇　提供

文化广场，2016 年 9 月由磁山集团投资兴建，总面积 7.6 万平方米，是烟台市最大的主体广场。

仙姑湖水利景观，位于磁山脚下，三面青山环抱一潭碧水，原名仙姑池。民间传说，为何仙姑沐浴之所。旧时潭上有泉，名为“神泉”，明清时有佛寺，将“神泉”圈于寺中，今佛寺已毁，“神泉”犹在。20 世纪 70 年代，古现人民公社农田水利建设，依潭池修建汪家沟水库。后因势造型，栽植垂柳，修建长廊，美化堤岸，设置景观，更名仙姑湖。2016 年，景观被评为山东省著名水利风景区。

磁山疗养院（2020年）　磁山温泉小镇　提供

磁山度假公寓（2020年）　磁山温泉小镇　提供

颐生疗养区

磁山温泉小镇以“代子女行孝、替社会分忧、为老人造福”为宗旨，以品质养老为核心，打造“安养、住养、疗养和居家养老”运营体系，配备智慧养老系统、无障碍服务、人性化服务设施和养生餐饮、文化娱乐、医疗陪护、家政服务四大项目以及78项服务菜单，创立“全程化、一站式、菜单服务”的养生养老新模式。

磁山温泉小镇颐生疗养区由安养中心、磁山疗养院、磁山度假公寓三部分组成。

安养中心即颐生苑国际老年公寓，区内设养生文化园、老年大学，经常举办养生讲座和文化体育活动。

磁山疗养院建筑面积73.2万平方米，主要为居住在安养中心和度假公寓的老年人提供医疗保健服务。

磁山度假公寓是磁山温泉小镇专为中短期（1～6个月）在磁山度假疗养的中老年设计的公寓，适合中老年居家式度假居住。

温泉度假区

温泉度假区内设有山情木屋、室内外浴池，依山定式、布局错落，与周边自然风景融为一体。

**磁山文化**

**人文历史**　磁山是一座文化底蕴深厚的名山。3000年前，周朝名相姜子牙封阴主于磁山。春秋时，牟子国东迁古现名之牟山，为邑之首镇。秦始皇东巡，三次驻跸磁山，

山情木屋

水疗馆（2020 年） 磁山温泉小镇 提供

汉武帝磁山封禅展风。磁山也是一座见证古今人民反抗封建统治，抵抗外国侵略斗争精神的山峰。金贞祐二年（1214），山东反金农民起义红袄军曾在磁山建立根据地。明正德六年（1511），反抗封建统治的“河北响马盗”农民起义军转战磁山。清顺治七年（1650），威震齐鲁的于七反清起义曾在磁山。清咸丰十一年（1861），捻军在磁山与清军激战。清光绪二十一年（1895），爱国志士、团练大臣王懿荣回登州办团练，以磁山为基地组织“王家军”，抵抗日军侵略。1939 年，中共福山县委在磁山建立磁东抗日根据地，成立古现磁山抗日中队，沉重地打击了日本侵略者。到 1944 年，古现一带获得解放。

**历代诗文** 磁山历史悠久、风光秀丽，一向为文人墨客青睐，特别是秦皇汉武登临磁山以后，咏颂题记之作难以胜计。著名者有元代中书省左右司都事初才的《八神阴主庙记》、清康熙年间户部尚书王骘的《移建阴主庙记》、清乾隆年间举人于榲的《磁山庵碑记》等。

**磁山展览馆爱国主义教育基地** 位于仙姑湖畔，总面积 4000 余平方米，2014 年落成。其后，经过 3 次较大规模的改造升级。展览馆分 7 个展厅，1 个教育书屋和 1 个政治生活馆。

磁山展览馆爱国主义教育基地先后被授予“中华老人文化交流促进会教育基地”“山东省国防教育基地”“山东省关心下一代爱国主义教育基地”“烟台市爱国主义教育基地”等称号。自 2014 年 10 月至 2019 年年底，基地共接待参观者 100 余万人次。

**磁山地质博物馆** 磁山地质博物馆由开发区管委投资建设，是一处以展示磁山地质风貌、进行科普教育的博物馆。地质博物馆占地面积约1万平方米，建筑面积3000平方米，展陈面积1200平方米，展陈花岗岩、大理岩、水晶石、萤石、方解石、菊花石及各种奇石、宝石200余件，总投资约3000万元。

磁山地质景观奇特，属典型新元古代震旦期和中生代燕山期岩浆活动的产物。磁山地质博物馆集中展示了磁山独特的地质景观。博物馆分为8个单元，分别展示磁山地质构造、磁山地质遗迹、磁山地貌景观、矿产资源、矿物与宝石。参观者可了解磁山的地质构造和地质风光，获得关于地理、矿产资源以及防震减灾方面的知识。

**磁山文化节** 磁山文化节的主题定位是“传承忠孝仁爱美德，弘扬中华优秀传统文化”。旨在通过举办磁山文化节，对传统文化进行充分挖掘，研究其内涵和对建设社会主义精神文明、构建和谐文明社会产生的作用，确切定位、定性、定标，做好展示和传承，锻造磁山文化品牌。

磁山文化节2016年首次举办，到2019年已举办4届，举办时间为每年农历九月初九。

磁山展览馆 磁山温泉小镇 提供

磁山展览馆大厅 磁山温泉小镇 提供

磁山展览馆展厅内景

磁山地质博物馆（2020 年）　　磁山温泉小镇　提供

磁山文化节（2019 年）　　磁山温泉小镇　提供

# 张裕葡萄酒庄小镇

张裕葡萄酒庄小镇是烟台张裕葡萄酿酒股份有限公司在开发区古现街道创办的，集葡萄种植、葡萄酒酿造、葡萄酒文化展示和观光旅游的特色小镇。2001 年开工，2019 年投入运营。

烟台张裕葡萄酿酒股份有限公司前身是张裕酿酒公司。清光绪十八年（1892），爱国侨领张弼士为实现“实业兴邦”的梦想，投资 300 多万两白银，在烟台创办张裕酿酒公司。1912 年 8 月 21 日，孙中山先生参观张裕酿酒公司并题赠“品重醴泉”，以示褒奖。1994 年，张裕公司按照《中华人民共和国公司法》进行规范化公司改造，建立烟台张裕集团有限公司。1997 年，张裕集团将下属 4 家酒业公司及 5 家配套公司的资产重组，成立烟台张裕葡萄酿酒股份有限公司，成为中国葡萄酒行业第一家股票上市公司。2004 年，经国家权威机构检测，张裕综合竞争力指数位列中国上市公司食品酿酒行业第八名。2008 年，张裕进入世界葡萄酒业 10 强。2010 年，中国酒类流通协会和中华品牌战略研究院共同举办第二届中国酒类品牌价值评议，烟台张裕葡萄酿酒股份有限公司品牌价值为 57.44 亿元人民币。

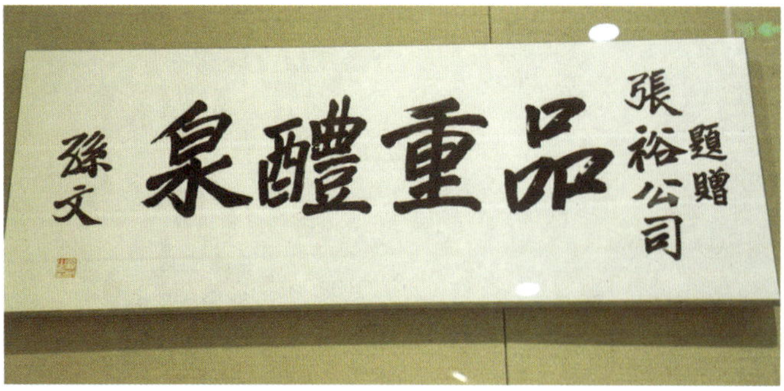


孙中山为张裕公司题赠的牌匾（2019 年）　　段浩杰　摄

酒庄葡萄采摘（2019 年）

大王家葡萄园种植基地一角（2019 年）　　张裕葡萄酒庄小镇　提供

为加快与国际接轨，壮大主导产业，发展相关产业，培育经济增长点，提高企业创新能力，保持张裕集团在中国葡萄酒行业的领先地位和国际葡萄酒行业著名企业地位，2001 年张裕集团投资，在倚山临海、环境优美的古现街道建设集种植、生产、研发、葡萄酒文化旅游和葡萄酒文化展示于一体的葡萄酒庄小镇，完全符合国际上兴建葡萄酒庄 3S（大海 SEA、沙滩 SAND、阳光 SUN）原则。2018 年，张裕葡萄酒庄小镇被山东省发改委确定为山东省服务业特色小镇培育单位。

张裕葡萄酒庄小镇总面积约 400 万平方米，由葡萄种植基地、加工生产基地、葡萄酒文化旅游区三部分组成。

**葡萄种植基地**

张裕葡萄酒庄小镇的种植基地与法国波尔多在同一纬度，是世界上最适宜种植优良酿酒葡萄的区域之一，大海、沙滩、阳光为葡萄生长创造了良好的环境。张裕葡萄酒庄小镇葡萄种植基地 230 万平方米，分 3 个种植区域：

**牟子国遗址种植基地** 位于牟子国遗址以东，北起古现上海大街东首路南，南至深圳大街路北，面积 100 万平方米，主要为高档葡萄酒、白兰地酒提供酿酒原料。牟子国遗址种植基地采取统一经营和分散管理承包的模式，对葡萄园风土条件、栽培品种、气候环境及施肥打药等管理信息进行详细记录，使生产的每一瓶酒都能追溯到所用葡萄的生长环境及日常管理信息。

卡斯特酒庄葡萄种植基地（2019 年） 张裕葡萄酒庄小镇 提供

张裕工业园（2019 年）

**卡斯特酒庄葡萄酒种植基地**　位于卡斯特酒庄区内，面积 30 万平方米，其中酿酒葡萄蛇龙珠品种种植 18.3 万平方米，赤霞珠、丽多霞等品种种植约 10 万平方米，试验园 2 万平方米。卡斯特酒庄种植基地的经营管理方式同牟子国遗址种植基地。

**大王家种植基地**　位于古现街道原大王家村周围，面积 100 万平方米。主要种植赤霞珠、蛇龙珠、美乐、西拉、白玉霓 5 个酿酒葡萄品种，为丁洛特和可雅 2 个酒庄提供优质原料。该基地引进以色列耐特菲姆“水肥一体化”滴灌系统，准确预判葡萄各个生长阶段对水、肥的需求，精确提供水、肥。

**加工生产基地**

张裕葡萄酒加工生产基地位于古现街道原大王家村，包括生产中心、可雅白兰地酒庄、丁洛特酒庄、葡萄酒研究院。

**生产中心**　占地 27 万平方米，由原酒中心、成品酒中心、灌装中心、立体库组成。2020 年，年生产能力 30 万吨，是全球最大的葡萄酒单体生产厂。

**可雅白兰地酒庄**　中国第一座专业化生产高档白兰地的酒庄，占地 20 万平方米，主体建筑面积 1.7 万平方米。核心生产区有壶式蒸馏区、木桶陈酿区、配成冷冻区和灌装生产区。拥有 6 组夏朗德壶式蒸馏锅，采用现代全自动控制、节能控制和远程控制技术，拥有来自法国利穆森地区百年树龄橡木制成的橡木桶。酒庄精选优质白玉霓葡萄，经破碎压榨控温发酵后，再经壶式二次蒸馏，然后入橡木桶陈酿，达到规定年限后，调

米军　摄

可雅白兰地酒庄（2019 年）　王仁勇　摄

配灌装出厂，年产高档可雅白兰地300吨。酒庄生产的XO白兰地和五星金奖白兰地分别于2015年、2018年获得布鲁塞尔国际烈酒大赛金奖。

**丁洛特酒庄** 国内第一家收藏级葡萄酒庄园，为纪念前国际葡萄与葡萄酒局局长罗比特·丁洛特对张裕、烟台乃至中国葡萄酒的贡献，以其名字命名。酒庄占地面积13332.4平方米，主体建筑为法国哥特式风格，依湖而建，2000平方米的人工湖兼具观赏及灌溉功能。酒庄有4307平方米的地下酒窖，酒窖配套世界一流设备，采用法国传统工艺发酵，酿造精品葡萄酒。

**张裕葡萄酒研究院** 位于张裕葡萄酒加工生产基地，主体建筑造型为竖立的橡木桶，环绕四周的是6只木质香槟酒杯，取"举杯同庆"之意。研究院建筑有19层，分科技博物馆、办公区、技术中心和品酒观光区四部分。在顶层品酒观光区，可俯瞰张裕国际酒城，亦可饱览开发区全景，为开发区地标性建筑之一。

### 葡萄酒文化旅游区

张裕葡萄酒庄小镇之葡萄酒文化旅游区设在卡斯特酒庄。

2001年，烟台张裕集团公司与法国葡萄酒业巨头卡斯特集团联合，兴建烟台张裕卡斯特酒庄，地址选在自20世纪70年代起就为张裕公司提供优质葡萄的古现街道北于家庄村。卡斯特酒庄占地面积140万平方米，主体建筑8300平方米。葡萄品种试验园及广场5万平方米，是集葡萄酒酿造、葡萄酒文化旅游观光、葡萄采摘、葡萄酒品鉴、休闲娱乐于一体的现代化酒庄。

卡斯特酒庄（2019年） 王仁勇 摄

地下大酒窖（2016 年） 米军 摄

葡萄酒文化旅游区主要景点：

**葡萄长廊** 占地 1 万余平方米，由酒庄入口通往葡萄酒文化展厅。穿越 30 万平方米的葡萄种植园，游人可观赏不同品种葡萄的生长情况。

**地下酒窖** 总面积 2700 平方米，沉入地下 4.5 米，采用芝麻灰花岗岩吊顶、大青石铺地，酒窖常年温度 12℃～16℃，湿度 75%～85%。在酒窖的瓶式发酵起泡酒贮区，游人可观赏添酒机、洗桶机用于橡木桶添酒工艺；在葡萄酒（干红、干白）贮区，可观赏从法国进口的 1200 多个适合储藏优质葡萄酒的橡木桶，并了解葡萄酒的生产加工、酿造储藏工艺；在酒品展示品鉴厅，可观赏品鉴酒庄生产的蛇龙珠干红、霞多丽干白、雷司令干白三个系列的珍品。

**葡萄采摘园** 文化旅游区内有鲜食葡萄采摘园 5.7 万平方米，种有鲜食葡萄玫瑰香、巨峰、红双味、亚都蜜、美人指等品种，供游人采摘品尝，让游人在了解世界葡萄酒文化、品鉴张裕葡萄美酒的同时，体验劳动收获的愉悦。

张裕葡萄酒文化旅游区年接待能力 50 万人次，被国家旅游局评定为国家 AAAA 级旅游景区。2017 年 11 月，张裕葡萄酒文化旅游区被全国旅游资源规划开发质量评定委员会评定为国家工业旅游示范基地。

古现海滨夜景（2020 年）　　古现街道办事处　提供

## 天马浪漫海滨旅游区

天马浪漫海滨旅游区地处古现街道海滨，主要由天马栈桥景观区和国际老年游学基地两部分组成。

**天马栈桥**　2007 年，开发区管委会决定利用濒海优势，在古现街道天马相城小区海岸建设以爱情和音乐为主题的天马栈桥，由烟台天马产业开发有限公司承建。2009 年，项目经过海洋环评、海域使用论证，通过专家评审，确定天马栈桥“海洋乐章与玫瑰音符”造型方案并开工建设。

栈桥自海岸线延伸至黄海 450 米，海水最深处 6 米，海域面积 23421 平方米，海岸线为横向串联景观主轴 3000 米，纵向串联景观主轴 3000 米。栈桥主体长 700 米，由万国旗海、沙滩栈道、“海上玫瑰”音乐广场、“爱的步道”、“海岸之心”等部分组成，是开发区极富浪漫情调的地标性建筑。

2011 年 9 月 23 日，天马栈桥正式启用。至 2019 年，烟台天马栈桥文化发展公司与全国妇联有关部门合作，先后在栈桥组织万华青年集体婚礼、五一集体婚礼、十一集体婚礼等 10 届集体婚礼，打响了天马栈桥浪漫集体婚礼品牌。2015 年 5 月，中国青年钢琴演奏家秦川在天马栈桥举办“让爱奏响未来”音乐会，为天马栈桥举行音乐活动开创了先河。天马栈桥成为烟台市重要旅游休闲景点，每当夜幕降临或节假日，市民、游客涌向该地观海景、赏音乐。

**国际老年游学基地**　2015 年，天马栈桥文化公司与国际老年大学协会合作，打造以休闲度假、学习交流、文化展示平台为主旨的中国学院式老年游学基地，作为国际老年大学游学基地的中国基地。游学基地位于开发区黄河路、黄海南岸，包括天马维拉斯老年大学、红酒湾俱乐部、文化艺术馆、康馨居国际游学酒店。

栈桥明珠（2020 年）　姚南通　摄

天马栈桥夜景（2020 年）　古现街道办事处　提供

天马维拉斯老年大学（2020 年）
天马栈桥文化有限公司　提供

天马维拉斯老年大学举办活动（2020 年）
天马栈桥文化有限公司　提供

相聚红酒湾俱乐部（2019 年）　天马栈桥文化有限公司　提供

**天马维拉斯老年大学**　老年大学以国际老年大学协会主席、世界旅游学家弗朗索瓦·维拉斯命名，2014 年年底开工建设，2016 年 3 月启用。大学总部及教学楼面积 5000 平方米，开设摄影、声乐、舞蹈、书画、英语、泥塑、花艺、瑜伽等 40 门课程。2019 年年底，老年大学有学员 400 余人，与 26 个国家老年大学达成游学合作协议。2016 年，老年大学邀请法国昂热老年大学学员到该校体验中国黑陶、泥塑、紫砂雕塑等制作工艺。2017 年，老年大学组织学员赴欧洲四国六城老年大学游学考察。2019 年，老年大学邀请法国、西班牙、澳大利亚、毛里求斯、印度、捷克、斯洛伐克等 9 个国家 168 人到中国，开启北京、烟台、潍坊、济南、西安五市“中国历史文化”主题游学活动。

**红酒湾俱乐部** 位于黄河路以北，靠近张裕卡斯特酒庄葡萄园，建筑面积 400 平方米，创办于 2016 年。俱乐部以国际葡萄酒文化为支点，先后邀请英国、秘鲁、哥伦比亚、法国、墨西哥、瑞士、美国等 30 多个国家的顶级厨师到开发区进行美食推广活动，开展文化交流，举办精品葡萄酒推荐会、美酒品鉴会、葡萄酒论坛和葡萄酒文化培训活动，成为世界葡萄酒文化推广平台。至 2019 年年底，红酒湾俱乐部先后吸纳近百名国际美食美酒文化作家、影视明星、葡萄酒店店主及葡萄酒协会会长。

**文化艺术馆** 位于黄河路天马文化街，建筑面积 3000 平方米，建筑风格古色古香。艺术馆一楼为书法笔会区、文玩玉器展区、中式古典家具陈列区，二楼为客房，三楼及阁楼是普洱茶文化体验茶社。文化艺术馆定期举办茶艺表演，组织爱茶者品茶、欣赏茶艺表演。艺术馆还经常举办泥塑体验活动，传授泥塑技艺，体验者可制作各种泥塑作品，供游人鉴赏收藏。

文化艺术馆 天马栈桥文化有限公司 提供

**康馨居国际游学酒店** 又称木文化主题酒店。酒店设有中国传统木文化与世界酒文化两大主题客房，主要为参与国际游学的国内外老年大学学员提供会议、健身、会客、居住、餐饮服务，并组织各种活动，包括茶文化、酒文化、木文化、美食文化、泥塑文化体验等，还为学员定制品酒会、草地音乐会、茶艺表演等活动。

自2015年启用，国际老年游学基地举行过多次活动。1995年，原任世界美食美酒博览会主席的法国人爱德华・君度在法兰克福书展创办首届国际美食美酒图书大赛，其后每年5月下旬大赛在组委会选定的城市举行。2015—2018年，连续四届国际美食美酒图书大赛都选在天马国际老年游学基地举行。每年大赛均有200多个国家和地区的美食、美酒类图书，电视节目参加展评，展示各国具有代表性的美食、美酒，研讨世界美食、美酒文化发展趋势。2016年，中国老年大学协会举办第五届全国老年书画展，收到来自全国各地的1.3万幅作品，其中评出入展作品500幅。是年5月，第五届全国老年书画展颁奖仪式在烟台国际老年游学基地举行。国际老年大学协会、中国老年大学协会、山东省委老干部局、山东老年大学、烟台市政府领导、国内书画家、获奖作者及来自全国各地的老年大学、书画社团、书画爱好者600人与会。

康馨居

国际美食美酒图书大赛参加人员合影

天马栈桥文化有限公司 提供

国际美食美酒图书颁奖典礼

天马栈桥文化有限公司 提供

2018 年 5 月，首届世界老年旅游大会在烟台天马维拉斯老年大学举行。联合国贸促会、世界旅游组织、国际老年大学协会、国际老年人协会联合会等国际组织代表参加大会，来自中国、法国、英国、澳大利亚、比利时、保加利亚、捷克等 76 个国家近 800 名中外嘉宾与会。大会历时 9 天，其间举办 4 场老年游学主题研讨会，40 多个国家的 89 位老年大学校长或代表与会研讨；会议同时举行山东文化旅游商品展示和烟台之夜旅游推介。

2016 年，第五届全国老年书画展嘉宾现场作画 天马栈桥文化有限公司 提供

首届世界老年旅游大会（2018 年）　　天马栈桥文化有限公司　提供

# 风土民情

古现历史悠久，文化厚重。优良的传统和浓厚的文化氛围孕育出淳厚质朴的民风习俗，这些风土民情既是老福山优秀风尚的代表，也具有鲜明的古现特点。

# 风俗

**建筑习俗** 古现民居多为四合院，正房皆坐北朝南并略偏东南或西南，不取正南向。门内迎面有照壁，上书“福”字，并配画松竹等。迎冲道路的山墙上部多书“福星高照”或“紫气东来”；有的在墙根处立一块石碑，上刻“泰山石敢当”字样。建房上梁，要在梁上贴“上梁大吉”，燃放鞭炮。该习俗沿袭至今。

**禁忌习俗** 古现靠海，亦有渔民，沿海村庄居民亦耕亦渔。渔民在海上劳作，谈吐必须忌讳，如“翻过来”和“扣过来”有指船翻扣之嫌，必须改说“划过来”或“转过来”。忌说“老”字，因渔民敬畏鲸鱼称其为“老人家”，故“老”字只能用以称鲸鱼，而不能用在对他人的称呼上，故将“老张”“老李”等改称“张伙计”“李伙计”。渔民吃饭忌将筷子搁在碗上，船上忌器皿扣放，忌在船头便溺。

古现人过春节规矩严格，禁忌也多。农家过春节谈话时忌说“死”“穷”“破”“碎”“吹”等不吉利的词语，如春节饺子煮破皮，忌说“破了”“碎了”，要说“挣了”；馒头蒸裂了忌说“裂了”，要说“笑了”。吃饺子时加大蒜，不能叫“蒜”，要叫“义和菜”。吃醋不能叫“醋”，要叫“忌讳”。借别人药铫子（煎药器具）使用忌送还，须待物主自己来取回。探望病人忌在下午或晚上，应在上午。随着时代进步，这些禁忌逐渐不太讲究。

**节日习俗**

在古现，春节、元宵、二月初二、清明、端午、六月初六、七月初七、七月十五、中秋、重阳、十月醮、冬至、腊八、小年都是重要节日，与胶东地区其他地方习俗基本相同，但元宵节和农历二月初二稍有不同。

**元宵节** 农历正月十五为上元节，亦称元宵节和灯节（俗称“过十五”）。是日各家各户都要用萝卜、胡萝卜或豆面等做成小油灯，于黄昏时分送至祖先墓前点燃，并焚化香纸，酹酒祭奠。古现的豆面灯颇有特点：将豆油和水揉成面团，手工捏成倒葫芦状，下面做成底座，上面做成油碗，在碗边刻上花纹。碗里放上蜡油，固定一根棉线捻子，晚上点亮捻子，放在墓前和门槛上。

**二月二**　农历二月初二为祭“土地神”的节日，俗称“龙抬头”。此日黎明，家家用草木灰在庭院、场院内撒若干大圆圈，里面再撒上五谷杂粮，称为“谷囤”，以作为当年“五谷丰登、粮食满仓”的象征。二月初二，古现还有“烙虫”的习俗。这一天，各家各户要把春节期间剩下的枣饽饽和其他面食切成薄片，在锅中烙成干饼，俗称“饽饽疙”，以求一年粮食不受虫害。当地民间传说二月二为“龙抬头”日，此日妇女不动针线。

**婚嫁习俗**　古现男婚女嫁先由媒人提亲、双方定亲、送彩礼，然后选择迎娶吉日。喜日早晨，新郎到女方家迎娶后，夫妇双方“拜天地”“入洞房”，新妇拜床、坐床，公公翻箱子、钉门帘等。婚后第二日，女家派两个亲人探望，称“看客”；第三日再派一个亲人迎女回家，称为“搬三”；第九日，新郎伴送新妇回家省亲，称为“转九”。

**喜宴习俗**　古现的宴席名目繁多，其中婚宴、寿宴、升学宴、乔迁宴、生子喜宴较为隆重，同时有其地方特色，上菜的顺序和节奏有讲究。一般是先凉后热，席首和席尾上汤；先荤后素，先高档后一般；先咸后甜，最后上整鱼。节奏是先快后慢关键缓。以最常见的“四二八”喜宴为例，席首摆 4 盘点心（俗称“压桌面”），用茶水就食，让客人先垫一下肚子，以免空腹喝酒伤身易醉。4 个冷荤菜之后，8 个热炒菜分两组上完，两个“大件”设在热炒菜之首和中间，使宴席出现两个高潮：第一件是全家福，由多种荤素原料和海鲜组成，历来是宴席中的头菜。第一组热菜先上 4 个，一般是烤大虾、炸双拼、油爆乌鱼花和韭菜炒海肠。第二件多是扒鸡，“张口鸡，闭口鱼”，取其“鸡”同“吉”（吉祥）之意。第二组热菜一般是芙蓉干贝、红扒肘子、清蒸加吉鱼、拔丝山药等。上甜菜之前要撤桌，换掉全部餐具，以保证甜菜口味纯正。最后上主食福山大面，象征长长远远。“无鱼不成席”，吃鱼的讲究也多。整鱼上席时，要“头朝北肚朝客”摆放，以示对客人的尊敬。

旧时，古现的婚宴都是在喜主自家举行，借亲朋邻居家屋设宴。改革开放以后，随着生活水平提高，喜宴大多在饭店酒庄举行，但宴席的规矩仍沿袭传统。

**丧葬习俗**　旧时，古现实行土葬，礼仪十分烦琐。人弥留之际，将其由炕上移至丧床，名为“抬床”。安置好以后，灵床下放一盏油灯，名为“照尸灯”。灵床前放一碗生米，上面盖一张烧饼，放一双筷子，谓之“倒头饭”。旧时，家人还要烧“倒头包袱”或者烧“倒头马”“倒头轿”。家人往土地庙送浆水，名为“报庙”，一日三次。人死后第三天晚上，在村头十字路口举行祭祀仪式。入殓之后，亲友前往吊唁，俗称“吊孝”。出殡前搭棚准备纸活，请吹鼓手、执事人、抬杠者，名为“开丧”；新坟落成，名为“谢邻”，对帮助办理丧事的人表示感谢。出殡之日，吹鼓手作乐有“闪门”“闹丧”等曲目，然后有起灵、上罩、摔老盆、路祭等程序。到墓地后，再举行下葬仪式。此外，自人死之日起，每7天祭祀一次，一共7次，名为“烧七”，至“七七”而罢。埋葬之后第三天祭新坟，名为“圆坟”。葬后100天要上坟祭祀，叫“烧百日”。人死满一年谓之“周年”，也称“忌日”，忌日祭祀亡灵，谓之“烧周年”，要举行隆重祭奠。周年后，儿女换下孝服，谓之“脱孝”。中华人民共和国成立后，政府提倡丧葬改革。1962年，古现开始实行火化。丧葬悼念仪式随之发生变化，亲属和朋友臂戴黑纱，胸佩白花，以示哀悼。“烧七”“烧百日”“烧周年”及节日时祭奠习俗仍存，但由烧纸上香逐渐改为送花圈、花束，丧葬礼仪大大简化。

## 集场庙会

**古现大集** 古现大集，历史久远，清乾隆版《福山县志》将古现写成古县集。逢农历三、八集日，周围四面八方的村民都到古现赶集。古现集位置几经变迁，中华人民共和国成立前，设于古现西河；中华人民共和国成立后，迁于村北大街，东至福山精神病医院（旧址），西到咸盐市。1984年，东迁至村新拓宽整修的东大街。

20世纪90年代中期，古现镇政府投资拓展整修纵横贯通的古现集市大街，铺就柏油路面，分别设有粮食、肉食、水果、蔬菜、水产品、糕点以及服装家具等市，集市摊位面积达到18000平方米。市场上市品种丰富多样，上市经营者和消费者日渐增多，到2003年，市场交易日上市人数约有6000人，上市摊位350余个，集日成交额15万余元。2012年以后，集日上市商品达4000多种，年成交额达1500万元。

古现庙会

大秧歌表演（2019 年） 姚南通 摄

吕剧演出（2019 年） 于大为 摄

古现山会威风锣鼓表演（2018 年） 王晓蕾 摄

**古现山会** 农历三月初三，相传是轩辕黄帝的诞辰，也是道教神仙真武大帝的生日，传说还是王母娘娘举办蟠桃大会的日子，为拜神祈福，古人设山会以示纪念。旧时，古现村南凤凰山有魁星阁，山前有戏台，山后有观音庙。“三月三山会”就在凤凰山举行。20 世纪 40 年代，山上古建筑毁于战火，会址迁往黄金河河床。古现“三月三山会”规模较大，为福山三大山会（太平顶、黄家、古现）之一。中华人民共和国成立后，人民政府为繁荣农村经济、活跃群众文化生活，利用山会进行物资交流，开展民间娱乐活动。每年山会由村东大街赶集处延伸扩展到北边黄金河，连赶三天。赶山会者来自四面八方，东到牟平、芝罘区，西至蓬莱、龙口市，南有栖霞、莱阳诸地。戏剧团、马戏团、杂技团演出助兴，每年此时，古现大街上彩绸飞舞、彩扇翩然，本村秧歌队、高跷队积极参与表演；周边村也组织群众演员扭秧歌、跳扇子舞。古现西村的大鼓更显威风，鼓手们甩开膀子，一擂就是 10 多分钟。

2017 年，古现街道把“三月三山会”确定为古现文化传承节。除利用山会进行物资交流、开展民间娱乐活动外，还增加了书法、美术、篆刻、木雕、剪纸等民间艺术展示，大秧歌、舞龙舞狮、雷鼓、锣鼓、广场舞等文艺会演。到 2019 年，古现文化传承节已举办三届，每届上会达 1 万多人次。

**凤凰山庙会** 传说农历四月十八日是泰山庙主泰山老奶奶的诞辰，同一日烟台有四大庙会，分别为蓬莱祈雨顶、古现凤凰顶、兜余太平顶、高疃清风顶庙会。古现的庙会在凤凰山山庙举行，而“庙会戏”是凤凰山庙会的一大亮点。是日，主办庙会的村庄会邀请职业戏班和当地戏剧爱好者搭台演戏。古现及周边村庄的群众届时聚集到凤凰山，入庙进供、烧香，购买农副产品、看大戏。虽然凤凰山山庙于 20 世纪 40 年代被拆除，但四月十八日赶庙会和看庙会戏的传统延续下来。凤凰山庙会，每年上会达 2 万人次以上，上市摊位 1000 余个。

## 民间艺术

**剪窗花** 窗花是古现一带在节日、婚嫁等节庆喜日，用红纸或彩纸剪出花鸟、人物、吉祥物艺术造型，用来装饰窗户的剪纸艺术。旧时，农家窗为木棂窗、棱子窗，上糊白纸，半透明，贴上窗花，红白相间，花样较多，莲花、金鱼、刘海戏金蟾象征年年有余，喜鹊登梅寓意喜上眉梢，佛手、桃子、石榴象征多寿多子。大多窗户中央贴“窗心”，由五六幅组成一组，一幅贴一棂，内容多为厅堂楼阁、才子佳人，有的是鱼缸，内有金鱼数尾，意为金玉满堂。单幅多为小品，为嫦娥奔月、莲花生子等。

**织花边** 花边是 19 世纪末由国外传入烟台的手工艺品，因操作简单，且可增加收入，备受女性喜欢，成为古现一带农村一项重要的家庭副业。花边的主要设备是花边机台，用木板制作，钉上矮腿，可放在炕上或在地上操作。台上放一个用厚纸浆加工的样子模台，上面贴放花边样子（图纸）。主要操作工具是小棒槌，所以也叫棒槌花边。花边主要工艺是利用线与线之间的辫、绞、勾、拉形成图案，在图纸上用花边针（大头针）固定和转连。常用的编结技法有平织、隔织、密龙、介花、方结、稀布、密布、双稀、介花关针、灯笼扣、苇笠花、六对抄等。图案以装饰花卉为主，也有花鸟、龙凤等图案，既是高档日用品，又是精美的艺术欣赏品。中华人民共和国成立前，古现曾成立花边庄，是民间自发组织形式。中华人民共和国成立后，人民政府把民间艺人组织起来，成立花边绣花合作社，进行花边加工，产品多出口。这项民间艺术现已渐消失。

**扎弓箭** 自古至今，村里一直有谁家生小孩请人扎弓箭挂在门外，以示报喜的习俗。因此扎弓箭就成了一项具有地方特色的民间工艺。

扎弓箭的主要材料有桃树枝、柳树枝、松树枝、竹子、古铜钱、红布红头绳、金银手工纸、五色布等。具体做法是：用桃树枝做弓一个，柳树枝做箭四支，四支箭中间做铜锤一把（由锤用木杆、金纸、红布做成），共用古铜钱十四枚，用红头绳串十枚，名为钱串子，用一尺二（边长约40厘米）的红布制成方形旗一面，旗下两角各压铜钱二枚，旗正反两面贴上用金手工纸剪成的圆喜字各一个，旗的两面八个角用金纸剪成云字头分贴其上，中间铜锤杆上绑上葱、竹枝、松枝、桃枝四种植物。弓箭的各部分都有讲究，如“桃木弓、柳木箭，生个儿郎中状元”，十个铜钱串代表十全十美、招财进宝，五色布代表孩子五彩人生。方旗是表示生子喜事临门，旗下方所用铜钱四枚压坠，代表一生四平八稳；铜锤上挂四种植物，葱是生长旺盛，桃枝辟邪，竹示气节，松枝代表长寿。

弓箭扎好后，生男孩挂在街门左上角，生女孩挂在右上角，待到孩子过满月时，由孩子舅舅来摘下保存。时至今日，古现农村仍保留这个习俗，扎弓箭的工艺未失传，但拥有制作手艺的人越来越少。

**糊仰棚** 仰棚相当于天花板，农村旧时房子都是土石垒的，以木头为梁柱，建不起天花板，只能用简单材料扎一个架子，钉在墙上，糊上报纸，称为仰棚，也叫虚棚。糊仰棚因此成为古现一带农村的民间手工艺。村民谁家要盖房娶媳妇，洞房必须糊新仰棚。糊仰棚的主要材料是胡秸（高粱秸）40棵左右，以铁钉、麻绳、报纸打底，花纸作封面，用黑手工纸剪花压边。仰棚中间图案用颜色不同的彩纸剪成“五蝠（蝙蝠）逢寿”或蝴蝶造型，起脊仰棚，共12个角，每个角用黑手工纸剪成云字头压角贴边。

**戏曲** 古现一带戏曲演出历史悠久，而且经久不衰。其内容多是传统剧目，如《玉堂春》《白蛇传》《打渔杀家》《法门寺》等。抗日战争爆发后，八路军五旅十三团驻古现，在街上搭台唱戏，演一些新编剧目，如《闯王进京》《木兰从军》，还演出一些歌剧，如《七叶河》《三世仇》等。

古现戏曲人才较多。古现民间戏剧票友中，老旦演员王镇山、老生演员董云禄、古现东村第一任党支部书记朱元禄、原党支部书记王丙见和老伴李广华都颇有名气。

2005年，古现农村集体投资建设了文化大院，村里专门为戏曲爱好者和票友们提供文化活动室。每周固定日，票友们吹拉弹唱，有时还与外乡票友进行串联交流。每逢山会，古现街道办事处请职业戏班和当地戏曲爱好者搭台演出。

**雷鼓** 雷鼓是流行于古现一带的古老民间艺术，有800多年历史。

20世纪60年代以前，“三月三山会”、凤凰山庙会和逢年过节时，雷鼓是游艺活动中排在最前面的开道节目。一般形式为，击鼓舞蹈队列两行，大鼓12面、24面或36面，鼓由击鼓者挂在胸前。队前有一名老者指挥，他一声鼓令，击鼓者手舞系有红绸的鼓槌按节奏击鼓，绸带飘舞谓之“闪”，鼓声隆隆称之“雷”，雷鼓由此得名。

雷鼓鼓面中间绘有太极阴阳图，四周绘有祥云图案，鼓身朱红色，雷鼓槌，长二尺半许，柳木制，槌前槌后都刻有龙头，龙身缠绕槌柱，后端张开的龙嘴里系有红绸。击鼓手服装一般为黄衣红巾或白衣红巾，色彩艳丽，有阳刚之气。鼓点一般为老套路，快慢结合，边敲边舞。表演的内容十分丰富，多与道教文化有关。

古现一带的雷鼓表演阵容庞大，一支雷鼓队伍由几十人甚至上百人组成，场面壮观，古朴严肃。表演一招一式都豪放大气、铿锵有力、震人心魄，体现出古现人朴实、大度和勇往直前的精神风貌，是古现地域文化的象征和名片。由于传统的雷鼓太重，演练比较用力，随着时代的发展，这项民间艺术活动逐渐被其他形式取代。

**灯会** 旧时，磁山脚下的古现灯会为福山之冠，历代县志均有记载。古现灯会有官办、族办、村办，历史上王氏家族的灯会较隆重、热闹。花灯样式有西瓜灯、宫灯，还有的扎成动物等式样，很受人们喜欢。灯上的画面取材广泛，有历史人物、山水风景、神话故事、杂技、动物、花卉等。灯会还有猜灯谜活动，群众喜闻乐见。

# 谚语

**气象谚语**

早晨放雾露，晌午晒葫芦。

朝看东南，夜看西北。

东虹雾露，西虹雨。

天黄有雨，人黄有病。

早晨胭脂红，无雨必刮风。

天上起鱼斑，明天晒谷不用翻。

老龙斑，不过三，过了三，还得十八天。

大旱三年，忘不了五月十三。

谷雨以后下场霜，百天以后下满缸。

春冷秋热，必是雨节。

八月初一下一阵，干到来年五月尽。

八月十五月不明，正月十五雪打灯。

立冬十月节，反风就是雪。

重阳无雨看十三,十三无雨半冬干。

不怕初一阴，就怕初二下。

云彩往南，扛着锄头上山。

豆黄麦黄，雹子一天一场。

清明断雪不断雪，谷雨断霜不断霜。

朝怕南云涨，夜怕北云堆。

乌头风，白头雨，黄头下雹子。

旱刮东风不下雨，涝刮东风不晴天。

西北风是开天的钥匙。春旱干不杀，秋旱一刀刮。

**农时谚语**

早浇花，午浇瓜。

过了“芒种”，不得强种。

八成熟，十成收，十成熟，二成丢。

头伏萝卜，二伏菜（白菜）。

七月十五（农历）定旱涝，八月十五定年成。

立冬的萝卜小雪的菜。（指收获）

棘子发芽，点豆种瓜。

春天捅一棍，秋后吃一顿。

白露早，寒露迟，秋分前后最适宜。（指种小麦）

鞭杆芝麻卧牛黍。（指种芝麻、黍子株距要大些）

一穗两穗，四十天入囤。（指小麦见穗后，再过四十天即麦收）

**生活谚语**

头锅饺子，二锅面。

宁吃飞禽一口，不吃走兽半斤。

多贪一口食，折了四两膘。

吃不穷，穿不穷，打算不到一世穷。

朝喂猫，夜喂狗。

打人不打脸，骂人不揭短。

南京到北京，买的不如卖的精。

豆黄蟹子麦黄杏。

守着勤的无懒的，守着馋的无攥的。

儿孝不如媳妇孝，闺女孝不如女婿孝。

人要脸，树要皮，不要脸的没法治。

# 特色小吃

小吃即小食，是古现菜的重要组成部分。古现传统风味小吃以小麦面粉为主要原料，配以蔬菜、水（干）果、海鲜、肉类等，品种繁多，样样源于民间，取材于本土。经过千百年创新改进，深受人们的喜爱。

**海鲜打卤面** 古现的海鲜打卤面在老福山很有名气，制作的关键是卤汁。海鲜打卤面的卤汁材料可用绿鳍马面鲀（当地称扒皮狼鱼）或墨鱼鱼肉，打好的卤汁浇在盛出的面条上，鲜香可口。

**古现拉面** 古现拉面也称福山拉面，是烟台三大风味面食之一。清光绪《福山县志》载，福山城的“吉升馆”即因经营福山拉面而享盛誉。20世纪50年代，烟台各大饭店均经营福山拉面。当时京剧表演艺术家程砚秋、尚小云、荀慧生、马连良、谭富英、杨宝森到烟台演出时，烟台票友一般在“蓬莱春”设宴款待，均要品尝福山拉面。当时有人把三鲜面、扁条面、龙须面、空心面同京剧四大名旦相提并论。

福山拉面柔滑软嫩、品种繁多、经济实惠。工艺加工包括和面、溜条、出条、下锅、开卤等流程。拉面有“丢荡”和“摔打”两种制法，“丢荡”是将和好的面条抻长后，再扭、叠、抻后出条。“摔打”是将和好的面团放在案板上反复摔打后再叠、抻出条。成形的面条分为带子条、灯草皮、柳叶条、扁条、韭菜扁、绿豆条、匀条、细匀条、一窝丝、大条、空心条、三角条等20多种。卤汁有温卤、大卤、三鲜、炸酱、麻汁、清汤等20多个种类。因为福山拉面加工精、风味美、名声大，所以民间称之为“福山大面”。

**老豆腐** 古现人称“豆腐脑”，用大豆做原料，泡透后加水磨成水糊，滤渣成浆，烧开后点卤水（或石膏）凝成嫩豆腐脑。食用时用扁平勺盛入碗内浇上用辣椒油、腌韭菜花、虾油、芝麻酱或蒜泥调成的佐料。中华人民共和国成立前后，古现刘同川豆腐坊的老豆腐远近闻名。每逢集日，许多人远道而至品尝。老豆腐颜色乳白，豆香浓郁，细嫩润滑，加上各种调味佐料，口味微辣鲜美。老豆腐经济实惠，可作油条、烤饼、馒头、玉米饼子等硬软面食的佐餐，风味甚佳。

**三鲜水饺** 水饺历来是古现人过年过节接待贵宾必不可少的食品，民间素有“迎客的饺子送客的面”“上轿的饺子下轿的面”之说。古现水饺品种多，既有用猪肉、牛肉、羊肉、驴肉做馅的水饺，又有多种海鲜馅水饺，还有用韭菜、荠菜、辣椒、黄瓜、茭瓜、芹菜等蔬菜做馅的水饺，以及用海参、虾仁、海蛎、海肠、海胆、鲅鱼等海鲜做馅的水饺。

古现水饺，最负盛名的是三鲜水饺，用鲜猪肉、新鲜水发海米、韭菜或白菜三种主料做馅。三鲜水饺重在用料新鲜、制作精细，用料比例、调味、拌馅均讲究，这是古现水饺受到人们青睐的主要原因。由于三鲜水饺质量上乘、味道鲜美，成为民间大众款待宾客的主食。

**三鲜馄饨** 馄饨是古现民间日常小吃，可作为主食，亦可配以其他面食食用。古现一带的馄饨品种多样、风味各异，最为大众喜爱的是三鲜馄饨。三鲜馄饨讲究的是皮薄、馅鲜、汤醇。馄饨皮用小麦面加适量盐和匀，饧好后擀成柔软而有韧性的大张薄皮，折叠后用刀切成马蹄形。将新鲜猪肉剁成泥状，亦可略加泡发好的小海米，用葱、姜末、盐、香油等调味拌匀，然后用薄皮将馅包成月牙或元宝形。食用时，把鸡骨或猪骨炖成的汤烧沸后，将馄饨下锅煮熟盛入碗中，撒上熟鸡丝、海参丝、煎鸡蛋丝、紫

三鲜水饺

三鲜馄饨

菜、虾皮、香菜末、食盐、味精，浇上清汤，滴入香油即可。三鲜馄饨汤味醇厚鲜美，皮滑馅香适口。

**脑饭** 脑饭以小米、大豆为主料，先将用水浸泡软的大豆磨成浆，用卤攒成嫩豆腐脑，然后把豆腐脑倒进熬好的小米饭糊缸中，轻轻搅和均匀，然后将红白熟肉丁、蔬菜或腌雪里蕻丝、食盐、味精等佐料加入拌匀即可食用。脑饭色彩淡黄、鲜嫩滑口、营养丰富，既有普通豆腐脑的风味，又有小米稀饭的特点，菜饭两用。

**韭菜合子** 韭菜合子主要原料是韭菜，佐以小肉丁、煎鸡蛋丝、虾皮和木耳。将上述原料各取适量，用食盐、味精、食油等调和成馅。把烫面团与冷面团揉在一起掐成面坯，逐个擀成圆皮，再把成馅用面皮包好捏成半月状，放入油锅，双面煎成金黄色，熟透即可。韭菜合子外皮香酥，里馅鲜嫩，经济实惠。

**凉粉** 古现民间凉粉分两种，一种以地瓜（或绿豆）淀粉为主料，一种是用海粉菜（又名海毛菜）制作的凉粉坯作主料。把制好的凉粉坯切成小块，放在凉开水里浸透，将麻汁、老醋、蒜泥、食盐、味精、香菜及葱末适量拌和调味成汁。食用时把凉粉从水中捞出，浇上成汁即可。两种凉粉口感各异，地瓜粉软糯柔和，海菜粉脆嫩清香，是盛夏暑热时人们喜爱的凉爽名吃。

**杠子头火烧** 杠子头火烧是一种软硬适度、颇受大众喜爱的面食。它在古现一带流传历史长久，20 世纪初福山城和古现街的许多面食摊位常年制作，流传至今。中华人民共和国成立前后，古现街的王世丰大众饭店、夏仁山饭馆、贾宝贵火烧铺的杠子头火烧

韭菜合子　　古现街道办事处　提供　　杠子头火烧

都很有名。杠子头的制作工艺是将老酵面加碱去酸味揉匀揉透，把小麦面粉加入适量花生油、白糖和热水搅匀揉搓成面团，再把老酵面与面团和匀搓揉成较硬面团，然后掐成若干面坯，将面坯搓圆压成直径约 7 厘米的圆饼，用刀在圆饼的四周均匀地切成斜纹花刀，最后放在炉内上下两面烘烤至熟透。杠子头火烧面硬筋道、酥脆爽口，冬吃不凉、夏存不馊，既可久存又便于携带，是长途出行可带的干粮。

**盘丝饼** 盘丝饼是在拉面基础上发展起来的一种精致面食。制作第一步是拉成面条，将由水、碱、盐调和成软硬适度的面团饧 20 分钟后，用抻面的方法拉成八扣的一窝丝面条，并顺丝放在面板上，再在面条上刷上食油，每隔约 8 厘米将面条切断成数个面条小坯。第二步是制饼烙熟，即取一面丝坯从一头卷起盘成圆形饼，直径均 4 ~ 5 厘米，把尾端压在下面，用手轻轻地压扁成饼；然后将平底锅内放入花生油，烧至六七成熟时，把盘丝饼放入，用慢火烙成两面金黄色。食用时，提起饼中心把丝拉开，放入盘中，根据个人口味，可撒白糖，亦可伴以菜蔬。

**家常饼** 家常饼亦是古现民间著名的小吃，做法简单。先将小麦面粉加适量盐用开水烫面搅匀，然后加凉水，边加水边搅，揉匀后掐成单个面坯。将面坯擀成圆形薄片后刷上食油，再两面对卷起来，捏住两头拉成长条，盘成两个圆形，然后将两个盘好的圆叠在一起，擀成直径 15 厘米的圆饼。之后把饼下热锅烙熟，取出放案板上用手拍打使饼松软，起层即可。家常饼色泽金黄、层次分明、柔软味香、微咸适口，是古现农家妇女人人都会制作的面食，民间流传甚广。

盘丝饼

发面包子

**发面包子** 古现一带的发面包子之所以成为一方名吃，主要是因为包子的菜馅非同一般。古现一带民间的发面包子是什锦馅，主要原料有大白菜（或根据时节不同，有茴香、芸豆、茭瓜等蔬菜）、肥瘦猪肉、炸豆腐丁、粉条、木耳、绿茶豆等，拌以葱、姜末和调料，调成咸鲜合口的料馅。制作时，用老酵面发成的面团逐个擀成圆皮，将菜馅按圆形或圆尖形包好，收口捏成麦穗形，然后上锅猛火蒸制，熟透即可。古现的发面包子皮暄面软，菜馅香鲜不腻，风味十足，令人垂涎欲滴。中华人民共和国成立前后，古现街道的孙老五包子铺在当地小有名气。

**古现糕点** 古现糕点制作精良，20 世纪 20 年代，古现糕点业制作和经营店铺多达四五十家，有几十年的从业史。古现大集镇开有一些点心杂货铺，皆为自制自销。糕点由手工制作，用自刻木模成形，经柞炭炉烘烤而成。古现较有名的店铺有王德泰糕点店，王作栋、王作梁兄弟开的福春糕点店。

古现糕点有两大特点：一是花色品种多样，粗、中、细各类点心齐全。一般店铺可制作一二十个品种，如桃酥、马蹄酥、牛舌酥、茶酥、蛋糕、芙蓉糕、萨琪马、豆沙饼、香蕉饼、百荷饼、大八件、小八件（指八种形状、八种口味）等。有的店铺还特意制作一些四季应时糕点，如春季的绿豆糕、夏季的凉糕、秋季的月饼、冬季的麻花。二是制作技术规范，定数论个足斤。每种糕点的形状大小、重量都有定数。一般桃酥、萨琪马、芙蓉糕、绿豆糕每斤都是 24 块，适合当时摆设宴席果盘之需，每桌 4 盘，每盘 6 块，既整齐美观，又应成双成对之民俗，很受欢迎。

卡斯特酒庄酒品展示厅外景（2020 年）　段浩杰　摄

# 王氏家族

古现王氏家族自始祖王忠于明洪武年间（1368—1398）到山东省登州府福山县任登宁场盐大使，后定居古现，迄今600余年。靠着勤奋、聪敏、坚韧和善良的美德，王氏家族诗书继世，家和族兴。明清两代累中进士27人，举人36人，生员515人。王家入仕为官者140余人，成为闻名齐鲁的科举世家、诗书世家和忠义世家。

# 家世

**家族溯源**　古现河北村王氏宗祠大门上刻有一副楹联“乌衣巷口旧家风，槐树厅下新气象”。“乌衣巷”在今南京市东南秦淮河南岸，东晋（317—420）定都建康，宰相王导、谢安两大家族均居于此，其子弟皆穿乌衣，民间称其居住地为“乌衣巷”。王导是东晋书法家王羲之堂伯父。宋朝，先为潞州地方官、后擢升兵部侍郎的王祐曾在厅前亲植三棵槐树，厅称“三槐堂”，其次子王旦为宋朝宰相。古现王氏祠堂楹联意在表明，古现王氏先祖乃周灵王之太子晋之后代、琅琊王分支，王导家族是其晋代先祖，王祐是其宋代直系祖先。据云南省大理白族自治州巍山县永建镇西山村（辖原鸡头村）王氏族人口述：古现王氏一世祖王忠的先人王能忠、王强忠、王震忠在元朝末年随军队调防，自南京戍边云南，落籍鸡头村。明初，王忠到胶东任盐官，致仕后落籍古现

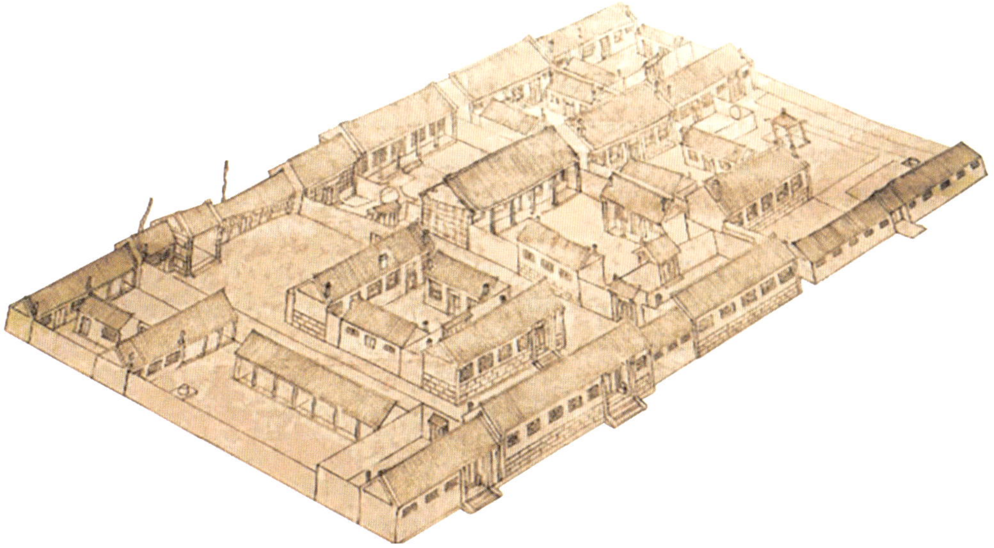

王道增故居手绘示意图　　古现东村居委会　提供

根据古现街道河北村老人记忆绘制的王氏宗祠原貌图

云南省巍山县永建镇鸡头村现存的王氏祖屋
古现东村居委会 提供

河北村。

**定居古现** 《王氏家谱》载，古现王氏始祖“王忠，云南大理府云南县（祥云）云南镇鸡头村，（洪武年间）任邑之登宁场盐大使。居古现集之河北村。旧有王姓数百家，与人同处……”，王忠到福山任登宁场盐大使，年迈辞官后，悦其风土，落户古现集之河北村。该村之前散居着华、倪、高、罗、王诸氏，有数个小村，后诸村合为一体，因位于黄金河北岸，故名河北村。王忠是明洪武年间（1368—1398）王氏家族定居福山的始祖，故福山王氏家族的族系中称其为一世祖。

**七世家传** 古现王氏一世祖王忠只有一子王云，二世云生四子，长子王俊，民国《福山县志稿》载：“明景泰三年（1452）岁贡生，孙介社河北村人，官至知县，县名失考。”三世王俊生子五，其次子王纶，《王氏家谱》旧谱载：“王纶任巡检，未详何地。”四世王纶生四子，长子王钺，《福山县志稿》载：“王钺，嘉靖十七年（1538），恩贡生，孙介社河北村人，王俊孙，官至南直隶上海知县。”次子王锦，庠生。《王氏家谱》载：“后因王鹭贵，诰赠礼部儒官。”五世王锦生四子，长子王国学，庠生，后以曾孙王鹭贵，诰赠一品光禄大夫封典。六世王国学生子三，次子王久任，明万历十四年（1586）贡生，任山西太原府文水县主簿，以孙王鹭贵，诰赠光禄大夫，户部尚书加一级。七世王久任生子三，季子王道增，德泽四乡，为福山布衣乡贤。王久任逝后，以孙王鹭贵，朝廷赠封礼部儒官，诰封奉政大夫，晋赠通议大夫，累赠光禄大夫，户部尚书加一级。八世王道增生六子，后人皆有建树。

# 科举世家

**科第** 王氏家族儒业传家，诗书继世。自王忠登宁场盐大使致仕落户古现河北村，其后人秉承勤于攻读的家风，走读书取仕之道，自二世起，代有功名。八世王允谐，崇祯四年（1631）应辛未科乡试，中第40名举人，是王氏家族第一名举人。是年会试不第。明崇祯六年（1633），九世王三锡、王慎言兄弟应顺天府癸酉科武科乡试，王三锡中第一名武解元，王慎言中武举人。次年兄弟二人参加兵部会试中式，又经殿试，王三锡中二甲第27名武进士，王慎言中三甲第56名武进士。二人分别授直隶昌平道中军守备、京师锦衣卫百户官职，开王氏落户古现河北村后科举中进士先河。已届天命的王允谐应清顺治四年（1647）丁亥科会试，中三甲第154名进士，授大理寺观政。王允谐为王氏落户古现河北村后第一名文进士。

王氏八世王道增于明崇祯十四年（1641）举家自河北村迁至黄金河南岸古现村，家丁繁衍，渐成望族，更加注重读书取仕。其长子王鹭（1614—1695）16岁迎童子试，在登州府县、府、院考皆中第一。清顺治十一年（1654），应顺天府乡试中举人，次年连捷会试、殿试，考取二甲第49名进士，授都察院观政，步入仕途。王鹭是王氏家族王道增一支落户古现村后的第一名进士。

从王允谐于明崇祯四年（1631）中举算起，到清光绪二十年（1894）最后一个举人王崇烈止，263年间，古现王氏家族明清两代累中进士27人（包括王氏亲戚张恩煦），中举人36人，另有生员515人。王氏家族成为闻名齐鲁的科举世家，古现也因此被誉为“进士之乡”。

**父子三翰林** 王检（1707—1767），字思及，王氏十一世。清雍正七年（1729），22岁的王检参加顺天府乡试，中第三名举人。雍正十一年（1733），26岁的王检参加会试中式，复殿试，考取二甲第55名进士，入翰林院授庶吉士，其后授翰林院编修，累官知

清乾隆二十九年（1764），刘统勋为王检题写“永言孝思”匾（现存古现街道河北村）

府、道台、河道总督、盐运使、按察使、布政使、巡抚，官至湖广总督、广东巡抚，逝后，赠太子少保封典。王检一生为官清廉，深得乾隆皇帝器重，其在湖北巡抚任上时，蒙乾隆帝召见，问其家业后道：“汝父子三人，俱为翰林，一门多显官，皆能办事，可谓世臣。”乾隆帝所提汝父子三人，是指王检和他的长子王启绪、二子王燕绪。王启绪（1729—1781），清乾隆十二年（1747）山东省丁卯乡试中第200名举人，乾隆十六年（1751）参加辛未科会试，复殿试，中二甲第55名进士，入翰林院授庶吉士，后授编修；累官乡试主官、监察御史、兵科给事中、户部郎中、开封知府兼署河道。乾隆四十六年（1781）夏，在组织抗洪护堤中以身殉职。王燕绪（1730—1800），乾隆十二年与兄长王启绪一起应丁卯乡试，中第57名举人。乾隆十九年（1754），会试中正榜，授内阁中书。乾隆二十五年（1760），再次参加庚辰科会试中式，殿试中二甲第二名进士，其为福山县明清两代科举中殿试成绩最高者。中仕后入翰林院授庶吉士，三年后授编修、日讲起居注官。他累官乡试副主考、会试同考官、翰林院侍读、《四库全书》分校官、文渊院校理。

**一门双进士**　王氏十二世、清乾隆年间进士王积熙之孙、山东禹城县教谕王善在之长子王余晋于清嘉庆九年（1804）中甲子科顺天府第53名举人，嘉庆十三年（1808）戊辰科考中三甲第57名进士，授国史馆誊录，历任知县、同知、乡试同考官、府学教授。其三弟王余师于嘉庆五年（1800）中庚申科第29名举人，授觉罗教习官，嘉庆十四年（1809）逢己巳恩科，王余师离职应试，中二甲第86名进士，授直隶宁津县知县，在莱州府教授任上殉职。王余晋、王余师兄弟在两年内先后考中进士，成为王氏家族科举佳话。

## 明清两代古现王氏家族进士一览表

表 7

| 姓名 | 生卒时间 | 中式时间 | 官职 | 隶属 |
|---|---|---|---|---|
| 王三锡 | — | 明崇祯七年（1634） | 山东提标水师左营游击 | 古现河北村 |
| 王慎言 | — | 明崇祯七年（1634） | 京锦衣卫百户官 | 古现河北村 |
| 王允谐 | — | 清顺治四年（1647） | 陕西省成县知县 | 古现河北村 |
| 王　骘 | 1614—1695 | 清顺治十二年（1655） | 户部尚书 | 古现东村 |
| 王　检 | 1707—1767 | 清雍正十一年（1733） | 翰林院编修、广东巡抚 | 古现东村 |
| 王显绪 | 1717—1784 | 清乾隆元年（1736） | 监察御史、布政使 | 古现东村 |
| 王启绪 | 1729—1781 | 清乾隆十六年（1751） | 翰林院编修、知府 | 古现东村 |
| 王希旦 | — | 清乾隆十九年（1754） | 山东沂州府学教授 | 古现东村 |
| 王燕绪 | 1730—1800 | 清乾隆二十五年（1760） | 翰林院编修 | 古现东村 |
| 王积熙 | 1711—1771 | 清乾隆三十六年（1771） | 七品文林郎封典 | 古现东村 |
| 王善垲 | 1733—1809 | 清乾隆四十九年（1784） | 云南普洱澄江府知府 | 古现东村 |
| 王厚庆 | 1772—1826 | 清嘉庆六年（1801） | 浙江台州府知府 | 古现东村 |
| 王延庆 | 1781—1852 | 清嘉庆十年（1805） | 国子监博士 | 古现东村 |
| 王余晋 | 1765—1848 | 清嘉庆十三年（1808） | 兖州府教授 | 古现东村 |
| 王余师 | 1771—1848 | 清嘉庆十四年（1809） | 莱州府教授 | 古现东村 |
| 王余英 | 1767—1819 | 清嘉庆十四年（1809） | 湖南善化知县 | 古现东村 |
| 王德英 | 1774—1832 | 清嘉庆十九年（1814） | 河南安阳县知县 | 古现东村 |
| 王兆琛 | 1786—1852 | 清嘉庆二十二年（1817） | 翰林院编修、山西巡抚 | 古现东村 |
| 王森长 | 1771—1846 | 清嘉庆二十四年（1819） | 陕西蒲城县知县 | 古现东村 |
| 王善壁 | — | 清嘉庆二十四年（1819） | 广东和平县知县 | 古现东村 |
| 王麟瑞 | — | 清道光十三年（1833） | 沂州府教授 | 古现东村 |
| 王武曾 | 1782—1851 | 清道光十五年（1835） | 浙江慈溪县知县 | 古现东村 |
| 王钟潍 | — | 清道光二十五年（1845） | 甘肃直隶州知州 | 古现河北村 |
| 王大辂 | — | 清道光三十年（1850） | 授知县，未到任而逝 | 古现东村 |
| 王懿荣 | 1845—1900 | 清光绪六年（1880） | 国子监祭酒 | 古现东村 |
| 王秉燮 | 1839—? | 清光绪六年（1880） | 安徽铜陵县知县 | 古现东村 |
| 张恩煦 | 1814—1869 | 清咸丰十年（1860） | 直隶高阳县知县 | 古现东村 |

说明：张恩煦系古现东村人，王懿荣的表伯、塾师

## 明清两代古现王氏家族举人一览表

表 8

| 姓名 | 生卒时间 | 中式时间 | 官职 | 隶属 |
|---|---|---|---|---|
| 王从绳 | 1693—1757 | 清康熙五十三年（1714） | 安徽六安营参将 | 古现东村 |
| 王　械 | 1718—1786 | 清乾隆元年（1736） | 湖北天安县知县 | 古现东村 |
| 王衍绪 | 1719—1804 | 清乾隆三年（1738） | 大名府知府 | 古现东村 |
| 王令绪 | — | 清乾隆十五年（1750） | 贵州黎平府同知 | 古现东村 |
| 王文炯 | — | 清乾隆十五年（1750） | 四川中江县知县 | 古现东村 |
| 王广绪 | — | 清乾隆二十五年（1760） | 云南按板井盐课大使、候选知县 | 古现东村 |
| 王景绪 | 1740—1812 | 清乾隆三十年（1765） | 云南鹤广州知州 | 古现东村 |
| 王善至 | — | 清乾隆三十三年（1768） | 海丰县教谕 | 古现东村 |
| 王钟泰 | — | 清乾隆三十三年（1768） | 山西蒲州府永乐镇同知 | 古现东村 |
| 王庆长 | 1749—1791 | 清乾隆三十六年（1771） | 福建省按察使 | 古现东村 |
| 王余庄 | 1755—? | 清乾隆三十九年（1774） | 拣选知县、例授七品文林郎 | 古现东村 |
| 王善宝 | — | 清乾隆四十二年（1777） | 莱芜县训导 | 古现东村 |
| 王余倩 | — | 清乾隆四十四年（1779） | 拣选知县、例授文林郎 | 古现东村 |
| 王善培 | — | 清乾隆五十一年（1786） | 陵县教谕 | 古现东村 |
| 王绶长 | — | 清乾隆五十一年（1786） | 兖州府四氏学教授 | 古现东村 |
| 王余莒 | — | 清乾隆五十四年（1789） | 湖北钟祥县知县 | 古现东村 |
| 王元玑 | — | 清嘉庆五年（1800） | 拣选知县 | 古现东村 |
| 王绳矩 | — | 清嘉庆三年（1798） | 莱芜、诸城、高唐教谕 | 古现河北村 |
| 王余枚 | — | 清嘉庆九年（1804） | 候补湖北知县 | 古现东村 |
| 王余孚 | — | 清嘉庆九年（1804） | 胶州学正 | 古现东村 |
| 王玉汝 | — | 清嘉庆九年（1804） | 馆陶县训导 | 古现东村 |
| 王兆琦 | 1783—1829 | 清嘉庆十二年（1807） | 德州学正 | 古现东村 |
| 王应衔 | — | 清嘉庆十七年（1812） | 平度州学正 | 古现东村 |
| 王阶庆 | — | 清嘉庆二十三年（1818） | 拣选知县 | 古现东村 |
| 王绂庆 | — | 清道光二年（1822） | 泰安府教授 | 古现东村 |
| 王鹏程 | — | 清道光八年（1828） | 登州知府 | 古现东村 |
| 王余萃 | — | 清道光十一年（1831） | 曹州府教授 | 古现东村 |
| 王余厚 | — | 清道光十七年（1837） | 未入仕途 | 古现东村 |
| 王祐庆 | — | 清道光十七年（1837） | 福建建宁县知县 | 古现东村 |
| 王镦庆 | — | 清道光二十六年（1846） | 汶上县训导 | 古现东村 |
| 王伯寅 | — | 清咸丰五年（1855） | 馆陶县教谕 | 古现东村 |
| 王　庸 | — | 清光绪元年（1875） | 济南宁州学正 | 古现东村 |
| 王文臣 | 1844—1915 | 清光绪十四年（1888） | 湖南安仁县知县 | 古现东村 |

续表 8

| 姓名 | 生卒时间 | 中式时间 | 官职 | 隶属 |
|---|---|---|---|---|
| 王崇燕 | 1868—1893 | 清光绪十七年（1891） | | 古现东村 |
| 王丙焘 | — | 清光绪二十年（1894） | 直隶文安县知县 | 古现东村 |
| 王崇烈 | 1870—1917 | 清光绪二十年（1894） | 鸿胪寺序班 | 古现东村 |

**功名** 《王氏家谱》载，王氏家族中式子弟中，140 余人升任尚书、侍郎、总督、巡抚、布政使、按察使、祭酒、道台、御史、知府、知州、同知、知县等职，任学政、教授、教谕、训导等各级学官，任主簿、巡检、纪善等品级较低的官吏者更多。官职最高者是九世王鹭，中进士后，从都察院观政、员外郎、道员，擢升江西巡抚、闽浙总督，官至户部尚书。做过督抚的还有十一世王检，官至湖北巡抚、湖广总督、广东巡抚。十四世王兆琛从翰林院编修任起，累官监察御史、道台、按察使、布政使，官至山西巡抚。

王氏墓地碑头（现存古现东村）

# 诗书世家

王氏家族文化底蕴深厚，培育出众多饱学之士，他们熟谙历史、学识渊博，在文学、经学、训诂学、金石学、古文字学诸领域成就卓越。

**文学** 王氏家族中不乏文人骚客。九世王骘长于古文，尤擅公牍，著述有《大司农奏议》九卷、《养素堂文集》八卷、《诗集》六卷。他所作《请停止解运楠木疏》言辞恳切、说理充分，为民请命之情使满朝文武为之动容，也令康熙皇帝为之感动，诏令解除四川一场劳民伤财之役。文学方面成就突出者还有王检、王槭、王启绪、王燕绪、王余芊等，分别著有《西园诗集》《秋灯丛话》《棣华堂诗文集》《积翠堂集》《四香阁诗集》等。

**经学** 清代经学家王兆琛以经魁晋翰林，学问超群，对《诗经》《尚书》《礼记》《易经》《春秋》钻研颇深，是清朝经学大师。著有《经义测海》《正俗备用字解》《重韵辨义》《晒棠书屋文集》等。

**训诂学** 清代中期，王氏家族出了一位著名女学者王照圆。王照圆自幼广涉经史，少年即怀著书立说之志，长于训诂，亦擅文学，在汉学、史学、金石、古文字学诸领域均有建树。24 岁时，王照圆嫁与训诂学者郝懿行，相同的志趣使之成为生活伴侣、学业诤友。王照圆已刊著作有《列女传补注》《叙录》《校正》《列女传校正》《诗说》《女录》《列仙赞》《葩经小记》《梦书》《晒书堂闺中文存》《和鸣集附录》《婉佺诗草》《诗经小记》等 20 余卷，与郝懿行合著《诗问》《和鸣集》等。知名学者马之伯所著《毛诗传笺通释》多引用王照圆《诗经小记》见述，足见其见解之深、学识之博。

**金石学** 王懿荣之父王祖源乃清末金石学家。王祖源，原名伯濂，一生酷爱金石，曾编刊刻巨著《天壤阁丛书》，著有《判花轩集》《急就篇直音》《声调三谱》《读谱》《谈龙录》《内功图说》《明刑弼教录》《渔洋山人秋柳诗笺》《〈尔雅〉直音》《判花轩诗集》等。

王懿荣《汉石存目》

王氏家族著述　　古现东村居委会　提供

受父亲影响，王懿荣自幼爱好金石研究和收藏。初试秋闱不第，在京备考期间即与当时的金石学者潘祖荫、翁同龢、吴大澂、陈介祺、缪荃孙、王孝禹等切磋学问，进行金石及文字学研究，足迹涉及鲁冀陕豫各地。凡古籍文物无不珍藏，有时“典衣求之，或质他种以备新收”。自清同治元年（1862）至光绪七年（1881），历时十九年，王懿荣将研究成果纂成《汉石存目》《南北朝存石目》。所著《王廉生古泉精选拓本》《登州古器物拓本》《攀古楼藏器释文》《古泉选》《天壤阁杂记》等，为金石文字学重要文献。所藏500多方秦汉章，成为收藏家刘鹗《铁云藏印》之主要材料来源。

**王懿荣发现甲骨文**　凭着近40年对金石文字学研究的广博积累，以及保护民族文化遗产的高度责任心，王懿荣以非凡的慧眼在用来治病的中药“龙骨”里发现了甲骨文。

清光绪二十五年（1899）八月，王懿荣患重伤寒，太医诊后开方，家人到宣武门外鹤年堂药店抓药。王懿荣检视药物时，发现名为“龙骨”的药物上有类似古铜器上的刻画，好似古文字。他吩咐家人到药店中把“龙骨”全部买下。第二天，王懿荣带病去药店，嘱咐今后凡收到“龙骨”，不要捣碎，请代为收购，越多越好，并留下十两订银。是年秋，山东潍县古董商人范维清在河南安阳小屯村收购12大片“龙骨”到北京，经药店推荐到王府。王懿荣喜出望外，告诉范维清这些龙骨是商代遗留下来的乌龟壳和牛肩胛骨化石，上面的刻画是中国最古老的文字，王懿荣以每片2两银子的价格全部买下。经王懿荣进一步研究，其文字确在篆籀之前，是商代使用的象形文字。这些文字大都是商王室的“档案”，记载了商代政权、宗教、战争、农牧业、手工业、气象及文化等方面的情况，王懿荣为之命名“甲骨文”。此后，王懿荣陆续收集，所得甲骨文片1200余件。

甲骨文片　　古现东村居委会　提供

光绪二十六年（1900），八国联军入侵北京，王懿荣率守军与敌作战，只得放下甲骨文的搜集和研究。在他殉国三年后，刘鹗在收集有字甲骨10800片的基础上，拓刻出版了中国第一部研究甲骨文的著作《铁云藏龟》。研究证明，商代甲骨文是汉字进入成熟期的文字，共5000多个单字，显示了象形、形声、指事、会意、假借、转注六种造字原则，形成完整的文字体系。

王懿荣是甲骨文的首先发现者、断代者、收藏者和研究者。

**书法**　王氏家族历代皆出书法大家。王鹭工行楷、草书，其书严整端丽，笔墨老辣，气韵生动；王检善书画，其书风姿露志、逸趣横生，其画清新、卓尔不群；王燕绪书法落笔自然，疏爽有逸致；王兆琛书气从容，字势舒展飘逸，有晋祖二王神韵；王执让行书有郑板桥六分半之遗风，别具一格；王乘燮行书硬中见萧疏，规整中见飘逸，界内享有盛名；王槭书法应规入矩、法度严谨，笔意流畅而深藏不露，积学功深显泼辣老道。

存世书法作品最多的是王懿荣，与当时的书法名家翁同龢、何绍基、潘祖荫齐名。王懿荣书法艺术造诣颇深，楷、草、隶、篆皆为上乘，其楷书多见于对联、中堂，风格稳重、大气，疏朗别致；所题隶书凝重拙朴，变化多端；行书多见于信札，结字宽博，呈左低右高之侧势美；尤擅大幅大字，浑厚劲秀，颇有东坡韵味；篆书金石厚重，劲健如铁。晚清书法家陆润庠赞曰：书法一端，无美不备。他的字深得慈禧太后和光绪皇帝的喜爱赏识，《书林记事》记载："尚方贴络所需，孝钦后必降口敕曰：令王懿荣书。"《王文敏公年谱》记："两宫奖励时有传宣，或奉敕书于私第，或一日再入宫廷。恭代御笔，日极其多。"养心殿中所挂中堂，除了翁同龢、潘祖荫所写，王懿荣写的有 3 幅。慈禧太后作画，必"令王懿荣书"其题诗，现存的慈禧太后画作中，王懿荣题诗的有十几幅。光绪帝大婚，是王懿荣一手书写全包，可见之荣耀。

王氏家族历代有名的书法家还有王启绪、王积熙、王善垲、王麒瑞、王钟湝以及王懿荣的子辈王崇燕、王崇焕、王崇烈等。

**古现王氏家族著作一览表**

表 9

| 作者 | 著作 |
|---|---|
| 王　鹭 | 《养素堂文集》《大司农奏议》《诗集》《义圃传家集》 |
| 王　淯 | 《云龙州志》《王太常集》《王太常诗集》 |
| 王　渺 | 《自强斋集》 |
| 王　柔 | 《东牟奏疏》《东牟文集》《东牟诗集》 |
| 王　检 | 《西园奏议》《西园文集》《西园诗集》 |
| 王　槭 | 《秋灯丛话》 |
| 王显绪 | 《布政文集》《诗二卷》《燕山诗草》《蓬城集》 |
| 王启绪 | 《棣华堂书屋集》《棣华堂诗文集》 |
| 王燕绪 | 《积翠堂集》 |
| 王善垲 | 《滇南文集》《滇南诗集》《贻后庸言》《啸岩草》《金田诗草》 |
| 王希旦 | 《炳东文集》 |
| 王善宝 | 《离骚经逆志》《煨芋岩居诗文集》《易纂》 |
| 王兆琦 | 《诗集》 |

续表 9

| 作者 | 著作 |
| --- | --- |
| 王余英 | 《四书求是》《镜山草堂诗集》《镜山草堂四书文》 |
| 王余孚 | 《遽庐诗草》 |
| 王余芊 | 《四香阁诗集》 |
| 王余师 | 《求六轩文集》 |
| 王季寅 | 《盐案汇编》 |
| 王余厚 | 《读书余味 8》《四书备考》《全史纪年》《韵字燃犀》 |
| 王鹏程 | 《诗词集》 |
| 王积熙 | 《萝谷诗抄》 |
| 王　杲 | 《小太常集》 |
| 王景绪 | 《周易遗筌》《曜圃诗集》 |
| 王余晋 | 《静香移屋试帖》《静香移屋诗集多卷》 |
| 王余菖 | 《迎晖堂诗集》 |
| 王厚庆 | 《幼海文稿》《蒉山房诗抄》《修嘉庆会典》 |
| 王阶庆 | 《西行日记》 |
| 王祐庆 | 《丧服镜》《宦闽草》 |
| 王德英 | 《日省吾斋目录》《常谈》《初学辨字》《养正编》《顺正编》<br>《日省斋读曲礼内则注》《孝谱类编》《格致易简录》 |
| 王保训 | 《太拙集》 |
| 王文炯 | 《紫柏山人诗草》 |
| 王伯寅 | 《宗郑堂经说》 |
| 王　庸 | 《流民记》 |
| 王余萃 | 《闻木樨香斋诗草》 |
| 王兆琛 | 《正俗备用字解》《重韵辩义》《御史奏议》《巡抚奏议》<br>《眪棠书屋文集》《经义测海》 |
| 王兆玑 | 《算学求通》《工倚声有词》《翼周》 |
| 王延庆 | 《学半斋文集》《史臆》《〈马氏译史年表〉补正》《驳〈牟庭周公年表〉》<br>《工倚声有词》《时文古文胎产心法》《聊斋注解》《医书》 |
| 王祖源 | 《莲墅文集》《莲墅诗集》《天壤阁丛书》《判花轩集》《急就篇直音》《声调三谱》《明刑弼教录》《渔洋山人秋柳诗笺》《〈尔雅〉直音》《判花轩诗集》 |
| 王钟淮 | 《周易义疏》《大学中庸本义》 |
| 王松龄 | 《医学四诊大成》 |
| 王绍武 | 《台安县志》 |

续表 9

| 作者 | 著作 |
|---|---|
| 王钟泰 | 《草堂杂缀文》《壶海生诗草》 |
| 王懿荣 | 《汉石存目》《南北朝存石目》《天壤阁杂记》《福山金石残稿》《登州金石录》《王廉生藏印》《天壤阁藏瓦》《王廉生钱谱》《登州古器物拓本》《〈止止堂集〉序》 |
| 王崇燕 | 《谷梁集解纠谬》《起谷梁废疾》《谷梁发微》《谷梁旁通考》《谷梁注疏笺证汇义》《孝经戴义》 |
| 王崇烈 | 《公羊解诂义征》《史宬存稿》《智雨斋文集》《佛教浅说》《智雨斋题跋》《佛藏简目提要》《璜斋金文》《种瓜亭笔记》《殷墟文解学》《红双薇馆经眼录》 |
| 王崇焕 | 《古董录》《甲骨文存》《王文敏公年谱》《福山王氏劫余印存》《刘继庄年谱初稿》《澹归大师年谱》《纪晓岚年谱》《盛意园生生年谱》《王文敏公墨迹手札》《王文敏公奏疏稿》《王文敏公遗集》 |
| 王宪钧 | 《金岳霖的回忆与回忆金岳霖》《数理逻辑引论》《逻辑史选译》 |
| 王宪钿 | 《十年来中国心理科学》《人类的智能》《教育心理学》《儿童心理学》《发生认识论原理译文》 |
| 王基仁 | 《三帅生帐》 |
| 王其耀 | 《雄风祭酒》 |
| 张恩煦 | 《储云馆诗草》《纪事珠》 |
| 王照圆 | 《诗说》《诗问》《列女传补注》《梦书》《闺中集》《和鸣集》《葩经小记》《叙录》《校正》《列女传校正》《女录》《列仙赞》《晒书堂闺中文存》《婉佺诗草》《家人祭财神率尔有作》《诗经小记》 |

## 忠义世家

王氏家族以其严格的家教和严肃的家训严谨治家，把忠孝仁义作为家族宗法的核心，把立志读书进而报效国家、造福社会作为家族的价值取向和奋斗目标，培育出许多忠义之士。

**家训** 家训作为家庭教育的警句、训辞，是王氏家族对后人教育的必修之课，不仅要求后人熟记，而且作为行为规范，严格履行。八世王道增教子以“少小多才学，平生志气高，别人怀宝剑，我有笔如刀”为训，教育子孙立志读书，树雄心大志，后人在其教诲教导下，进士、举人、贡生辈出，县宰、府台、抚督代显。九世王鹭亲书对联“有子能文何必贵，为官致富不如贫”作为王氏家族的家训，延续200余年，成为烙印在后人脑海里、融化在族血中的族魂，鞭策和激励子孙后代奋力拼搏，读书取仕，清正廉洁，尽忠报国。像这样的家训，在王氏家族谱书中多有记载，十二世、乾隆年间举人、云南候选知县王广绪家训为“孔融让梨，少小深知尊长理；黄香温席，幼年省识孝亲心”。十三世、乾隆年间举人、山西蒲州府永乐镇同知王钟泰家训为“努力才是智者，成功其庶慧乎”。十六世、甲骨文之父王懿荣家训为“无求方觉人情厚，克己始知世路宽”。十七世、光绪年间举人，直隶文安县知县王丙焘家训为“择友须求三益，克己宜守四箴”。这些训词是从不同方面对家人后代提出的具体要求和警示。

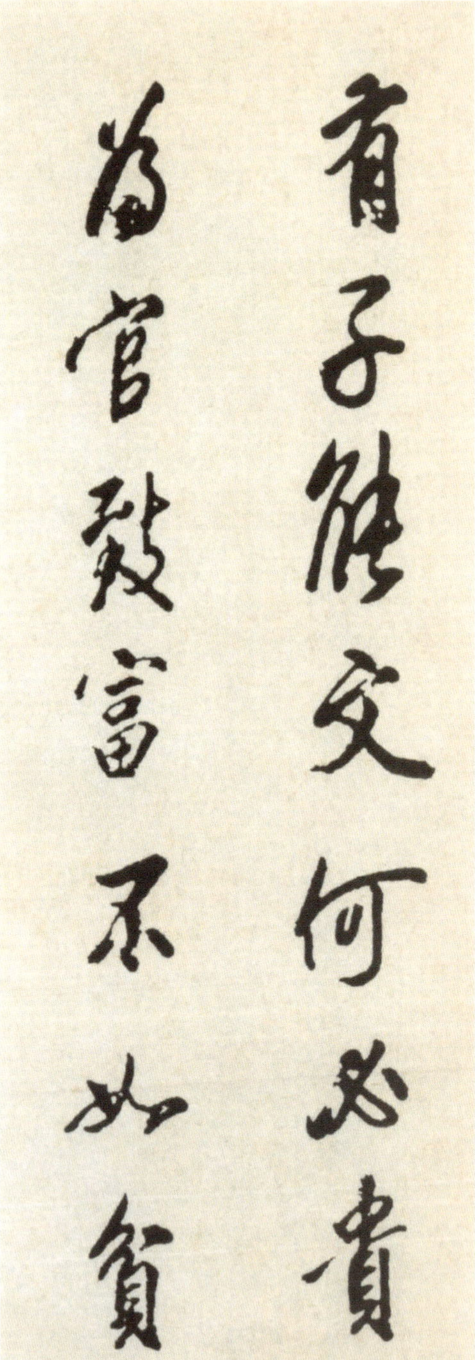


王鹭所书家训

**家教** 王氏家族注重家庭教育。八世王道增生于书香门第，少年尤熟《颜氏家训》，他谨遵父教，做人处事循规蹈矩。成家后，他对子孙的教育，不仅严格履行《颜氏家训》，更重言教身传，使后人学有典范。他深知“教妇初来”“教儿婴孩”的道理，是“少成若天性，习惯如自然”。他注重培养子孙的理想，教育子孙立志读书，树雄心大志，“朝为四舍郎，暮登天子堂，将相本无种，男儿当自强。”他要求子孙以“头悬梁”“锥刺股”的精神刻苦学习，增强才干。

王氏家族对后代的启蒙教育一般由母亲承担。族人子弟从学语时，母亲就教孩子读《千字文》《百家姓》《弟子规》《唐诗三百首》等，稍大一点即增加《朱子治家格言》《孝经》等课程。王氏家族的母亲一般都是知书达理的大家闺秀，知识渊博，言教身传。子女从母亲这人生第一任先生身上学到做人、做学问的道理是终生难忘的，这是王氏家族代出忠贤的重要原因。九世王典妻滕老夫人之孝、王懿荣谢太夫人之忠、王懿荣之妻谢云鹤之贤是母教最杰出的典范，对后代的成长起了重要作用。王氏家族设有私塾，专门延请本族或亲戚中考取过庠生以上功名的人担任塾师，也有做官致仕回乡的长辈主动担起教育后代之任，如王善壁的祖父王杖，以岁贡任济阳县训导，为济阳培养不少人才。告老还乡后，以教育20余名子侄为己任，使其皆有所成。王启绪任户部司郎中时，将在家乡所建书斋“有棣堂”作为王氏家族书馆，名“遗书楼”，在馆内设立私塾，教育族中和古现村民子女，绵延160多年，王懿荣少年即在“有棣堂”读私塾。《幼学琼林》《千字文》《四书》《五经》《增广贤文》等是私塾必修之课，这使王氏家族后代在成人之前不仅打下坚实的国学基础，而且正心修德，树立远大理想。王氏家族重视宗法礼教，各大族支皆设有祠堂，堂中悬挂族谱，按序设长辈牌位，德高望重者绘有官像。重大节日及每逢朔望，族长率族人祭拜祖先，必对族人讲述先人功德，对后代进行传统教育。扫墓是王氏家族不可或缺的家教方式，古代王氏家族各支都有墓地，盛时石碑林立、松柏森森，壮阔气派。每年元宵、清明、中元节、下元节、十月醮，王氏家族都要举行祭扫坟墓活动，或族中有人去世要进行祭奠，这些活动都是对族人尤其是后代进行家教的机会。

**家风** 古现王氏家族从先祖及后代，一直秉承“读书志在圣贤，为官心存君国，安分守命，顺时听天”的古训，树立耕读为本、与人为善、忠孝传家、报国爱民家风，培养重孝悌、有善心、守规矩、讲信誉、忠君国、敢担当的美德。七世王久任在担任山西文水县主簿期间，受命协助管理地方矿务，为解救矿工之难，不惜用自己的子女做人质，救出矿工孩子。八世王道增在大灾之年发动族人捐献500石军粮，解地方国税和百

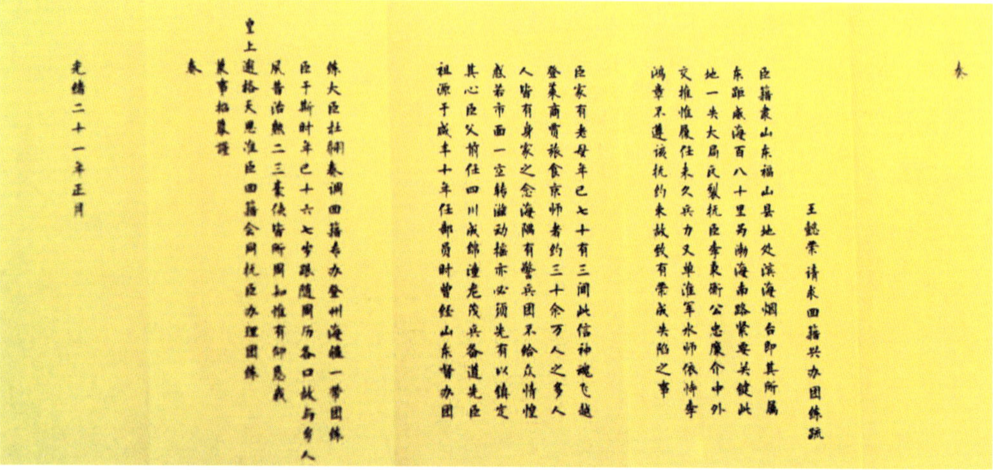

奏

王懿荣 请求回籍兴办团练疏

臣籍隶山东福山县地处滨海烟台即其所属
东距威海百八十里为渤海南路紧要关键此
地一失大局氏裂抚臣李秉衡公忠廉介中外
文推惟履任未久兵力又单淮军水师依恃李
鸿章不遵谅抚约束致有荣成失陷之事
臣家有老母年已七十有三闻此信神魂飞越
登莱商贾旅食京师者约三十余万人之多人
人皆有身家之念海隅有警兵团不给众情惶
惑若市面一空转滋动摇亦必须先有以镇定
其心臣父前任四川成绵潼龙茂兵备道先臣
祖源于咸丰十年任部员时曾经山东督办团
练大臣杜䎗奏调回籍专办登州海疆一带团练
臣于斯时年已十六七岁跟随阅历各口故与乡人
夙昔洽熟二三耆俟皆所周知惟有仰恳我
皇上迅赐天恩准臣回籍会同抚臣办理团练
其事始蒙谨
奏

光绪二十一年正月

王懿荣《请求回籍兴办团练疏》

姓之难，时任福山知县书“燕山堂”匾额褒奖。《王氏家族》载，凡遇灾年，王氏各支都有赈捐义举。十一世王杲官至太常寺少卿，曾两次捐款购置庄田一千一百余亩，专门用于赈济鳏寡孤独和生计有难的乡亲，还在义田中设义塾，教育乡里子弟。出资在家乡修路架桥，方便百姓。孝悌是儒家仁义思想的根本体现，王氏家族把孝亲悌友作为族人行为的基本规范。九世王典为照顾年高有病的双亲，不谋功名，日夜守候侍奉，祈请医治。双亲离世后，他敬重诸兄，兄弟和睦，为后人树立典范。十六世王阶人尤守孝道，少年时父亲和兄长先后离世，为奉养年迈老母和老嫂、照顾哑弟弱妹瘫侄，放弃科举。他以一己之力养活全家，为母、嫂养老送终，教育哑弟弱妹瘫侄读书成人，使之男娶女嫁，各得其所。

王氏家族从政为官者甚多，他们把忠国爱民、清廉敬业、敢于担当作为行为准则。十一世王检担任长芦盐运使时多次拒贿，并严肃吏治，将原来受贿成风的衙门治理得上下清白。王检官居湖广总督和广东巡抚，勤于政事，积劳成疾，直至病逝于抚衙，他是王氏家族中为官而逝于任上的第一人。王检的长子王启绪任开封府知府兼署河道时，清乾隆四十六年（1781）夏，天降暴雨，黄河泛滥决口，王启绪“身亲畚锸，不避劳险”日夜守护大堤，连续数月，终因劳累过度，猝死于黄河大堤之上。

王氏家族中像王检、王启绪一样殉职于任上的还有王余英、王德英、王希旦等十多人。清朝晚期，王懿荣及家人为抵抗外倭侵略，舍生取义，壮烈殉国。

历代严格的家训、严厉的家教是王氏家族文化重要组成部分，王氏族人一脉相承，其忠孝仁义家风历久不衰，为民则勤俭持家，扶弱济困，惩恶扬善，见义勇为；为官则清正廉洁，敢于担当，为民造福，尽忠报国。家族涌现出王久任、王道增、王脝等乡贤，王典、王阶人等孝子，王鹭、王柔、王检、王显绪等清官，王启绪、王德英、王希旦等廉吏，更哺育出王懿荣这位爱国志士、民族精英，是为王氏族中立身、立德、立功、立言的典范。

**满门忠烈** 王懿荣一生敬仰民族英雄戚继光，清光绪十四年（1888）他借抄翰林院馆藏戚继光著作《止止堂集》，请山东巡抚张曜刊刻重印，并为之作序。

王懿荣母亲谢太夫人是福山县西关人，广东虎门同知谢牧之之女。她出身望族，端庄贤淑、知书达理，是王懿荣最早的人生导师，从王懿荣牙牙学语开始，谢老夫人就教其读《千字文》《百家姓》《弟子规》。

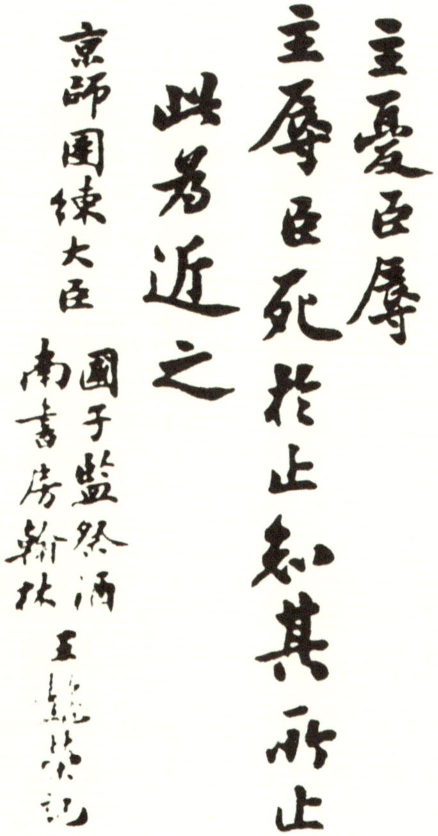


王懿荣绝命词

清咸丰六年（1856），王懿荣父亲王祖源到北京任兵部主事，谢太夫人留居福山城里，她让王懿荣就读于福山县南台子街王氏私塾，直至王懿荣14岁跟随父亲去北京求学。1894年中日甲午战争后期，王懿荣请旨回乡办团练。事后，王懿荣向母亲禀告办团练的情况。他特别提及三个月中凑调人马，委派各营哨，历遍府属十州县的粮饷等项费用情况，户部所支2000两白银全部花完，另借贷500两垫用。他认为钱虽然都用在办团练上，但终未能为国家出力，故“吾不敢累国家以度之也”，想把从户部支的钱全部缴还。谢太夫人对儿子的作为甚为满意，对缴还部款欣然同意，大力支持他的爱国义举。她知道儿子无多少官俸，常典衣物购置文物，要凑2500两银子确非易事，遂把自己的衣裘、钗钏拿出典当，帮儿子弥补亏欠。她安慰王懿荣：“吾衣饰岂所固有，皆国恩之余。为国家赐予复为国家用之，何憾！汝勿以累吾为念。”

王懿荣为官之日，以国事为重，敢于向朝廷谏言，不计荣辱得失。清光绪十年（1884），即担任翰林院编修后第二年，先后给朝廷上奏《更定官员津贴银两名目疏》《醇亲王位分尊崇请恪遵御论收回成命疏》《请速开马颊分减黄流以弭东患而卫畿辅疏》，分别就吏治廉政、端正国体和治理黄河提出意见。光绪二十五年（1899），他上奏《请重申旧章封禁天下古墓疏》，提出应加强古墓保护。

光绪二十年（1894），中日甲午战争爆发，清政府腐败无能，致使北洋水师全军覆没。慈禧太后不顾国家利益，挪用海军经费及国银1500多万两，为自己60岁生日举行庆典。身为国子监祭酒的王懿荣深为忧虑，他不顾犯颜，一月内连上《吁请暂停点景但行朝贺疏》《时事孔极请召用亲贤疏》，要求暂停点景，缓办庆典；并上《详度夷情审量时局疏》，陈述只有坚持抗战才有出路的战略方针。年末，日军在山东荣成落凤港登陆，攻陷荣成县城，直逼胶东。王懿荣忧心如焚，再奏《请求回籍兴办团练疏》，请求回乡办团练，御倭寇，保国土。

王懿荣奏请回乡办团练得到皇帝许可后，于光绪二十一年（1895）正月二十二直赴登州，后又到莱州，与山东巡抚商酌防务。旋赴登州各县，巡视战备，组成抗倭团练，并在家乡古现组建一支以王氏子弟为骨干的“王家军”。然而，清政府与日本签订了丧权辱国的《马关条约》。王懿荣壮志未酬痛心疾首，写下七绝《偶感》：岂有雄心辄请缨？念家山破自魂惊。归来整旅虾夷散，五夜犹闻匣剑鸣。随后他遣散团练，在母亲谢太夫人支持帮助下，变卖家产，缴还国家发的饷银。

光绪二十六年（1900）七月，八国联军入侵北京，清王室及文官武将纷纷敛财逃命。国家危难之际，王懿荣受命出任京师团练大臣，负责保卫京城。作为文职官员的他担任武职，王懿荣“勉为其难”。由于清政府的腐败，军心涣散，交给王懿荣的只有1000余名老弱残兵，但他接任之后“殚精竭虑”，誓与京城共存亡。农历七月二十，八国联军攻入东便门，王懿荣奋然“率勇拒之”，终因寡不敌众，败回私宅。次日，他对夫人谢云鹤说：“吾义不可苟生！”谢云鹤是谢老夫人的侄女，生性刚直，八国联军入侵北京后，其与王懿荣商量，破城之时，就是全家归天之日。随即王懿荣楷书绝命词：“主忧臣辱，主辱臣死。于止知其所止，此为近之。”遂偕谢夫人、长媳张夫人投井殉国。其9岁小儿王崇焕、8岁长孙王福坤被仆人抢出救走。逝后，朝廷彰其“忠烈孝义卒于一门”，追赠王懿荣侍郎，谥号“文敏”，谢夫人及长媳“均着旌表”。

清光绪皇帝祭祀王懿荣文碑刻（福山王懿荣纪念馆复制）

# 艺文

古现地灵人杰，文化底蕴深厚，涌现出大批饱学之士，他们立德、立功、立言，为后世留下大量诗文、书画，成为不可多得的文化遗产。更有许多动人的故事、传说等，展示古现丰富的文化内涵。

# 诗文选粹

## 苦雪

〔清〕王鹭[①]

奔奏冰曹序七迁，归家雪甚压村烟。
丁丁伐去山山色，贸贸蒙来处处年。
大厦千间思肯构，横流一筏顾谁编？
西轩伏枕追先德，愁煞春深听朴鞭。

## 游磁山晚归

〔清〕王检[②]

郊原廖穴又秋风，禾黍高低野径通。
履齿踏残归去晚，青山白发夕阳中。

## 牟子国城怀古

〔清〕王械[③]

无限苍茫旧感生，高低禾黍见牟城。
曾传庭实随郴葛，岂有瑶编纪世名？
一代市朝荒夜雨，千秋陵寝佐春耕。
扬尘不信麻姑语，又听寒潮向晚声。

---

① 王鹭，古现王氏九世，清顺治十二年（1655）进士，官至户部尚书。
② 王检，古现王氏十一世，清雍正十一年（1733）进士，翰林，官至广东巡抚。
③ 王械，古现王氏十一世，清乾隆元年（1736）举人，文学家。

### 游芝阳洞

〔清〕王积熙①

劳生疲登降，何处栖息好？
胜地指芝阳，遥遵一径小。
既至俨堂隍，豁达展游眺。
西偏殿宇阴，石壁净如扫。
天匠挥巨刃，洞穴辟深窈。
老干盘崖垠，龙拏白云表。
传闻寓仙灵，白日升清昊。
我欲寻遗迹，树隐风袅袅。
他年谢尘坱，或可拾瑶草。

### 四月七日同古现诸叔游奇泉

〔清〕王余英②

小径通山寺，寻芳取径歧。
余香留气味，半老见风姿。
墙短飞红雨，阴浓间柳丝。
缘何低首过，恐触落花枝。

### 十里铺道旁红白莲花

〔清〕王余英

（一）

翠盖红裳斗晚霞，仙姿岂合委泥沙？
从来好色无真赏，冷落瑶池第一花。

（二）

冷艳幽香最可人，婷婷玉骨不沾尘。
素心那惯趋炎热，谢绝秾华野水滨。

---

① 王积熙，古现王氏十二世，清乾隆三十六年（1771）进士，逝后追授为七品文林郎。
② 王余英，古现王氏十四世，清嘉庆十四年（1809）进士，文学家。

## 栖霞虎窠道上

〔清〕王善圻[①]

策马上高峰，漠漠松涛布。
幽鸟何绵蛮，山花杂红素。
日午不逢人，樵歌起深树。

## 云峰晚秀

〔清〕王燮堂

岚光滴翠叠重重，楼外斜阳色更浓。
依日青山多不识，暮云添得两三峰。

## 游磁山

〔清〕王保训[②]

六年不见山灵面，今日来游特地青。
汉畤白云何处去？秦时流水几时停？
高凌绝顶天风紧，倦倚平台海气腥。
茗饮迟迟归兴好，野花红煞夕阳亭。

## 将赴香河留别同人

〔清〕王余莒[③]

同官清对玉壶秋，花满棠封怅去留。
东国衣冠多俊及，南楼参佐亦风流。
论文尊酒虚前席，画壁旗亭感旧游。
挥手临歧情脉脉，夕阳厌次古城头。

---

① 王善圻，古现王氏十三世，诗人。
② 王保训，古现王氏十六世，廪生，诗人。
③ 王余莒，古现王氏十四世，清乾隆五十四年（1789）举人，解元。

### 四鼓起赴丽阳

〔清〕王余莒

月色明如昼，江流静不波。
人行颓岸仄，犬吠小村多。
不觉寒增剧，偏怜睡有魔。
偿他路途债，吾意恨蹉跎。

### 铁门旅次逢韩友得家音

〔清〕王文炯①

试险经秦蜀，思亲意未穷。
青灯茅店里，白发梦魂中。
肠断天边月，音稀塞上鸿。
春晖何处是？寸草恨飘蓬。

### 在兖州府学署赠白海五侄

〔清〕王余萃②

王济不曾谓叔痴，还如杜牧识阿宜。
凭将国子传经手，演出诗人祝寿词。
计拙自安寒士素，兴高犹似少年时。
灯前白发欣相对，一慰廿年久别离。

---

① 王文炯，古现王氏十二世，清乾隆十五年（1750）举人。
② 王余萃，古现王氏十四世，清道光十一年（1831）举人。

## 秋燕

〔清〕王伯寅[①]

飞飞燕子引江干，莫作杜陵秋兴看。
采线曾谁系故垒？乌衣转若怯新寒。
朝烟暮蔼迷金屋，苦雨凄风上画栏。
依恋梁园如有约，杏林先与贺春官。

## 清阳人

〔清〕王丙焘[②]

浩浩中流下水船，
祝圣山外柳含烟。
望福人去知多少，
回首城头月正圆。

## 举第四子崇焕

〔清〕王懿荣

京曹岁月太匆匆，二十八年一梦中。
但愿此儿能长大，半耕半读作村翁。

## 偶感

〔清〕王懿荣

岂有雄心辄请缨？念家山破自魂惊。
归来整旅虾夷散，五夜犹闻匣剑鸣。

---

① 王伯寅，古现王氏十六世，清咸丰五年（1855）举人。
② 王丙焘，古现王氏十七世，清光绪二十年（1894）举人。

## 请停止解运楠木疏

〔清〕王骘

谨奏：为殿工之需材甚殷，采运之民力实寡，谨陈见闻，仰祈睿鉴，以免贻误以安残蜀事。该臣按察康熙二十四年七月初一工部议复四川巡抚韩世琦题报采运楠杉捐输银两数目，并称全蜀户口寡少，夫匠等项请派附近之陕西、湖广等省份协帮一疏，奉旨：四川人民稀少，且屡经兵火，困苦已极，采办楠杉等木甚属艰难，起运又派别省民夫络绎解送，必致大累小民。今各省所报起解木植数目曾否足用，着查明确议具奏。见报之日，全蜀臣民莫不感泣嵩呼，咸颂我皇上明见万里之外于蜀省锋镝，残黎疮痍未起，复庆更生有路也。后经部议：各省应解杉木足用，将四川应用杉木四千零五十六根免解，所有各省应解楠木不敷梁柱等项，于四川所报需用楠木四千五百零三根内扣除免运，共一千八百余根，仍令运送两千六百六十三根。奉旨：依议钦遵在案。是四川应运楠杉二木邀恩已免十分之七矣。

建造太和殿，近系万国之观瞻，远系圣子神孙亿万年之基业。采运木料，臣下职分。子来共在民心，艰难岂忍置喙？但事遇艰难，有勉强竭力而后可为者，亦有勉强竭力而终不能为者。臣一介书生，忝任分巡道员，在蜀五载，略有见闻。今当代觐，敢避斧锁，不以入告，上负皇上视民如伤之念，下负臣子事君尽忠之义？所有蜀土山川险易之势，蜀民转运艰苦之情，敢为圣明陈之。

盖四川环山，巉岩亏蔽，惟成都府境左右稍称平衍，所产并无大楠。臣曾出勘产杉处所，如沙坪、灌口、贾家山、何家山等处，具属峻岭悬岩，运路自山抵江，或百余里，或七八十里，所经由者均属深涧幽壑。一溪之行纡折几盘，必费多力而始转一石之塞，横亘长川必待暴水而始过，较他冈阜窘逾千倍，此臣之所见也。至若遵义、马湖等府之楠木大材，尤俱产诸高山穷谷老箐密林之中，非独人迹不到，即鸟道亦稀。前抚臣杭爱登山督察时，遥望一木所在，必纤拽始至其地，足胝履穿，攀藤骨战，侧身亦苦难立，砍伐何以施工？臣尝细访舆论，皆谓今存大楠，因其斧斤难施，所以在山长年。至于运道崎岖，罄竹莫尽。其尤甚者，如遵义府属内之落水孔、猪孔、细鳞硐、麿子峡曲折之字拐弯，天生桥、三筒硐、葫芦硐水从硐中流出，又下鱼硐，须搭天桥，长三百六十余丈等语，马湖属内则有高硐、赤岩、黑岩、偏脚板、鬼溪、猪岩、吊藤岩、九溪、三渡水等处，峭壁干沟，乱石壅塞，虽山水高过十丈，旋长旋涸，非神术不能济运等语，此臣之所闻也。即以参考古法采取，必须找厢搭架，拽运必须垫低就高，辗转上下，木在溪涧，利于泛涨，木在山陆，又以泛涨为累。故陆运必于春冬，水运必于夏秋。忽水忽陆，非可一直而行，计日而至，其大概然也。

臣伏读：采办楠杉等木甚属艰难之旨，固已蚤悉圣聪矣。如使民力稍可足用，竭力所当勉图。顾四川幅员极广，祸变极惨，满目只有荒烟，百里竟无半灶。当进兵运粮时，疲病死亡，郑图难绘。臣伏读：四川人民稀少，且屡经兵火，困苦已极之旨，又已蚤悉圣聪矣。幸托天威荡平，数年以来，老弱安生，创痍渐起。但以通省之户口总计之，仍不过一万八千九十余丁，是合全蜀数千里内之人民不及他省一县之众。就中抽发五千入山采办楠木，其供送衣粮器具者势不可少，又将盈千累百。且此遣发民夫星散郡邑，远者千里，近者数百里，耕作必致全废，国赋凭谁办供？且盘山度岭，有堕岩坠谷之戚，露处风餐，有虎豹豺狼之恐，种种情状不能殚述。抑且，蜀风鹤之后，民情惯听讹传。前当察木时，工犹未动，闻风思逃，携妻挈子，抛弃家室。若实在动工用夫之际，岂不远而他徙，近而走险乎？其采运之艰难如此，人民之稀少如此，而民情之摇惑又如此。四川楠杉虽已减运十分之七，而所应运之大木二千六百六十三根，断不能如他省之解运者可以按数按期也。

殿工不容久稽，追川运不到致误，官吏之罪责无辞，残黎之疾苦何堪？恐于皇上保赤之心有未符也。臣愚合无，请敕四川抚臣姚缔虞亲诣产楠处所察勘，应运楠木有设法竭力而可以砍运者共若干株，有虽设法竭力而必不能砍运者共若干株，其必不能砍运者题请定夺，其可以砍运者星速探取趱运，俾百姓晓然共知。惟视其力之所犹可为，而非强以力之所必不能为，各安本业，踊跃从事，不致狂惑窜匿，庶残疆孑遗顶戴皇上如天好生之德，同覆载以无疆，而工料亦见实效矣。臣已蒙恩陛任口北道，参议运楠事宜，非臣执掌。但臣任蜀已久，熟悉情形，仰体皇上爱养小民，轸念残疆至意，敢就在蜀所见所闻，披沥实陈事属，条陈运楠事宜，字多逾格，贴黄难尽。如果刍荛可采，伏乞睿鉴全览施行。

## 亦南园记

〔清〕王鹭

夫子就舍堂南向，其前隙地六七尺许，杂植菜蔬花卉数种，名曰南园。盖近戏，似欲凌金谷平原，以寄傲焉。予寓柏树胡同，其房亦南向，左耳室前，亦有隙地，广狭如之。原存榆树、丁香各一株。予添植石榴树二株，就地杂植野花草数种。外设罗汉松二盆，木本茉莉三盆，建兰二盆，金银鱼一缸，萍藻半覆其上，遂效颦曰：“亦南园”。非敢学傲也，情景适偶同耳。庚午七月十一日巳牌，予退食，闲步阶除间。见天清云卷，树荫扶疏，晴光透露，缸水清澈，如经霜后者然。而萍藻翠浮，鱼游甚乐，且茉莉盛开，兰馨馥郁，微风携以迎面扑鼻。院落乎？丘壑乎？予遭惨异，柴骨蓬心，殆无生人意味。当斯时也，忽忘形内之桎梏，不知门外之尘嚣，淡淡悠悠，一返吾少壮时书斋静观之气象也矣。

口吟绝句寄文字云：“今日磋成一恨人，乾坤何处有清真？谁知到我秋光意，太古深山片刻亲。”

## 腄城辨

〔清〕王积熙

汉东莱郡县有曰腄曰牟平。腄为今之福山，牟平即今宁海州。牟平至今始易今名。腄建于西汉，废于东汉，旧址已无可考。郑夹漈曰：“禹贡九州皆以山川定其疆界，九州有时而易，山川千古不易。”至哉言乎！考汉《地理志》腄注有之罘山，《郊祀志》汉武帝祀之罘于腄，《纲目》之罘在东莱腄县，《一统志》曰即今福山县，载籍流传，彰彰可考。《续府志》曰腄城在宁海州东三十里，尚容参考。当始皇之游海上也，曰东过黄腄，其伐匈奴也，曰飞刍挽粟起于黄腄。《十二州志》曰牟平即古腄县。是自黄以东为黄，为腄，并无他县，秦之建置然也。至汉置东莱郡，县判牟城与腄而二之。牟平之西为腄县地，腄县之东为牟平地，不待言矣。向疑福邑应有汉腄旧址，以《纲目》《一统志》而言，福山县治即是汉之腄城，已无可疑。《府志》所云在州东三十里者，应系秦齐郡之腄，而非汉东莱郡之腄也。不然，与昔之掌故、今之形势皆相矛盾矣。

## 天壤阁杂记

〔清〕王懿荣

庚辰十二月到家，得同县鹿氏宋拓《太清楼书谱》，翁大年署专，僧达受六舟藏本。鹿丈名泽长，曾官宁绍台道，当是得于南中者。故后，家道凋零，藏书不少，不知售于何许，中必有旧本也。近年烟台海口估舟如织，故家余物多从此去。

闻鹿氏有瓦当及彝器，未知何物。鹿在道光间，亦曾官陕西。得宋赣州本大字《文选》六臣注残本七十叶于蓬莱县城太和银楼。银估好聚旧书，索重值，凡旧版必收之。

此刻阙笔谨严。“天禄琳琅”所称，流传者少，惜止此数十叶，已装粗册。此本支六房莲墅先伯家物。伯好收书，兼好刻书，刻有今古文各家注《孝经》十二种。讳德瑛，嘉庆甲戌进士，官河南安阳令。当时所拓《西门豹碑》较今本多十余字。有牟丈陌人校本书，又传有文天祥手批《十七史》。群众乱后零落，遗书多售于烟台富商及山东候补官。

又得六臣注本《文选》，行款却与宋淳熙尤本同。缺卷甚多，皆明翻之一耳。得明刻《苏文忠全集》，亦残缺数卷，皆乱后所致。此为本房先诒堂侍讲公藏书。苏集内有黄签，言某字胜今本，有“臣等谨按”字样，当出自上方。此本房之第四房也，当年收藏书画甚富，直售至乱前，计五六十年始竭，亦不知当年有何物事。多为黄县及烟台富商收去，以其锦函牙签，插架观美。

祠灶后到府城，大雪，仅住二日，尚未登蓬莱阁。此次为生平第一次入郡，仍未登临。见张允勳所藏本县境郭东村所出甗、汉琴亭侯国刻石、书画、砖瓦，多而且精，不及细数，却无一本旧书。近年蓬、黄、福三县所出之古砖，大约西归黄县王穆庵、丁彝斋，北归蓬莱张允勳，东南则为烟台之官、商取去。挖者孙姓，贩者黄县王秀才。莱、掖以东之物，寿丈万不能得也。招远黄里沙曾出一大瓦当，文曰“曲城之”，字甚晰，末一字不识，黄县丁氏得之。掖与黄之间有朱桥村，常出古物，印多逢姓、战姓。黄县有战君博，穆庵得之。允勳砖以“日主五官之堂”及“上大夫”两砖为最。

先是十一月间，在直隶道上过盐山之王墅镇，得天保造像残石一。过沧州之五龙堂，见造像卧地，有字无年月，并断碑皆甚巨，类唐刻。

在村中度岁，借居本门长房之有棣堂，七八岁幼读之所也。遗书楼唯不许登览，防我攫取。新年逐门叩贺，见字画双款皆康、雍、乾隆间老辈，率不完。灶上香炉，皆成化五彩、景泰蓝、万历青花之属，皆破乱。追忆当时，为之慨然。族中燕聚，杯盏杂凑，皆雍、乾中官窑也，间有明瓷，则直取数枚以来。群以料壶投赠，皆盛刀创药洗之属，若以料壶为不值钱者。有新雅轩、古月轩。

新年到外家贺节，见有瓦研十二字，残瓦也，不以见赠。又有郝兰皋丈及先从祖姑倪佺安人所辑宋、元、明本史书及殿本《廿四史》。内明监本皆一一挖圈，贴补精致，逐卷有校签粘其上。当年闻以七十金得自郝氏者。得来即置一箧中，至今未一晾，不准我翻。

中间持古泉、字画求售者不一，皆乱索厚值，亦无一精物，却之。

到烟台住二日，得明拓《孔宙碑》一本，汉官、私印各一。私印佳，凡四界，只有三字，甚罕见。用钱一千余几十文。

在县城得张刻《玉篇广韵》一函，直二千，先从祖雪舫解元公物。在先尚书府得康熙闽浙总督官封二，告示一。窗格间多张廷玉书。将来揭取之，此时介者不让撕也。

中表群姓以旧玉玦（纯墨色。此真玦，半高半下，不同今之扳指。余有二，先一白，此则一黑，即油泊村出土小节墨刀）一、齐刀五为赠也。

益州人来售古陶。潍之杜估来，售去古陶，乃从益都人得太真实埙。又知小汪家村出齐刀范甚多，近十年矣。访之，得一完者，真是一正砖，有痕无字，浣女溪旁浣衣物也。

二月间，取道北上。过黄县，见松溪新造大楼穿土所得隋大业年长乐乡□□一器，非土非石，类白泥烧成，佛家幡盖顶间物，不可名。又罗两峰为桂未谷所书《说文统系图》原幅，又元本吴中（书名忘之，甚熟），阳城张古余物。见穆庵砖、古印。见“彝、斋、齐”三字刀，文在背曲。成瓦出书画箱十许，为之辨别，无剧迹，又所藏砖及古泉。住四日，赠我六字刀一。见鞠彦云墓志。皇兴一象在丁五家，未见。得砖甚伙。

过潍县，住四日，遍访赏鉴家。在陈寿丈处三日，书画古器不具数。见所藏朱子《楚辞》与协卿本装潢皆同。见南郑丽珍所藏古泉、古砖、古印。南郑宋版《四书》，闻寿丈称之，未见。槐堂故后，家无长丁。陈九兰藏四朱及化种类极多，皆《泉汇》所未收。陈小兰以办盐下乡。《桑梓之遗》书画一大宗，未见，闻有总目。得一六字刀，十五金。又得高君二字，极佳之。大量几专车，今尚存西泉家。得“齐”字砖二。

过寿光，谒仓颉墓，又谒本生高祖妣母家李宗丞祠。西泉即李氏裔婿，闻其家有文与可《大竹》，为寿丈购去，在潍所见即是。李氏凋零尤甚。

所得古匋、泉范、砖瓦不悉数，并汉印及钱，只一齐刀奇。到京雇车至陕西，见苏估得开皇铜碑，巨直赊得之。见小苏估、马估（呈端）、孙估（文山），所得零星不计，十布将全。到城隍庙，得明初印本《元史》残本，缺数十卷，有太师英国公印章，四明范氏印，最佳，极破（到川裱成巨册），钱一千五百。得元椠《古今均会》，缺三卷，钱四百文。先是京师徐估宝文有缺一卷本，徐殁后，止索十金，贫无力取之，为钱篛仙购去，自是思之。先中丞旧藏一部，乱后亦残，在七兄手，屡索不与。非好之也，若凑合一气，便能重完，自是恨之。余有明刻完者一部，亦难得，极爱之。此又多前一序，张香涛、钱篛仙本所未有也。己卯由川回京过此肆，得宋南雍大字明印本《魏书》《北齐书》《北周书》，合以旧有之明库册纸元本《隋书》、元本《北史》、明翻宋秘阁本大字《晋书》、元大德本涂改称乾道本之《汉书》，慨然有集旧本全史之志。惟总须编查装潢，不知何日得闲钱为之也。过华阴，见汉石、北周碑。在长安得铁大钱五十，极大；范一，造像二，墓字瓦一。过褒城，见一路古砖在人家墙上，不得取。遇游汇东前辈北上，属代还苏估铜碑钱。又得一觯，为谢公子物；告田二，阳文。

到川，舍弟为得《宋相臣传》元本，不全，不知何人何时所刻。川省无旧书。得《诸子鸿汉》明人选本。新城宗叔翱官四川，见所藏字画及渔洋遗迹，赠我以渔洋诗稿一纸，宝之；又《池北偶谈》原稿十许页，装之。又知县许缙家有蔡友石所藏画卷不少，又一卣子执旗。

于飞卿大令已履宜宾任，未见。闻薛锦堂侍郎字画书籍多归之，有《圣宋文选》《绍熙公羊》《张伯颜文选》，余记不晰。云阳令叶庆枬家有《魏鹤山大全集》，宋刊足本。又合州黄刺史号景周，忘其名，有宋南雍本《十七史》。又好聚古泉，真赝参半，有极大之大观钱，有汉兴传形钱，有权钱、古印等物。于、黄所收，凡物真赝相杂。于有“武乡”二字印，确为蜀汉物。朱肯夫学使案临其处，皆见之。于以宋麻沙本《左传》赠朱，乃怡府物；黄以显德钱及别品赠朱。时朱忙，而余将行，见《左传》，未见显德钱也。

有一老幕，周姓，自东而陕而川，亡去数十年矣。好聚古泉，身后萧条，同乡唐真牧为余作缘，以重值得其家古印、古泉，真赝相间。尽涤之，得周鉢，有象形花文。又官印三，尚新奇。钱有太平钱百，字最奇。濮瓜农同年有此一品，曾傲我，今乃压之。又知古谱所谓五铢稚钱乃蜀汉钱，非梁造，特行用至梁耳。破此一疑，自泉志以来所未有，恨不能起子年、竹朋两丈一说之。得川估刁姓铁钱无算，且昂，竟无奇品。有选余为钱堤江大令磨取奇品二，余未及并收之故也。廖估自陕贩得半两十许千，内选得一东周钱，为诸家藏东周一泉之冠，生砂活翠，文字精完，余以厚直得之。谢估手得瓷印盒一对，又瓶二，皆奇古，土绿甚坚，瓶底厚至五寸。

成都西关有万佛寺故址，忽出残石佛像，大者高如屋，小者卷石，皆无首，或有首无身，无一完者，蜀碧所称献贼凿去者也。两县来报，出凡百余。家大人命地方移送今小万佛寺，出资重完，且尽整之。命余兄弟监其事，不用官家。一文不募，唯府署出资私囊，两县助止各二十千，出私囊。乃拣得有字残象三：一元嘉，极大；一开皇；一无纪元。又残碑五七方，不成文，皆苏石。川石质本松，此又似经火而复入土者，须甚护惜。由海船北上未知如何，斤两太重也。西估寄来牙印二，铅泉印一，涅金二，中布、第布一。十布尚未全，计缺序布。若壮布则盘山李古农家烬余物也，别一种寿丈夙见之。六泉止缺壮泉。闻又出卢布涅金二：一归谢公子，一归吴清卿。壮泉西估沈秃子有一枚，售与陕官黄姓。此泉真者唯鲍丈有。

辛巳年八月，由川北上，回京馆试。到陕西，初见杨估实斋，为陕巨指矣。先是过宝鸡，渡河祷于宝鸡祠陈宝之神，顾得古器。门未启，叩于外。到长安，得杨估彝一，中有犠形，尤佳；方鼎一，小鼎一，觚一；小苏估剑一，当为天下第一，鸟形阳文篆，如花如字，字下又有花，锋如新；马氏殿当瓦一，古泉、古印不具数。陈宝之神所祐也，望空谢之。杨估为清卿寄古泉百余方，佳者累累，兴定宝钞铜板乃绝品。马估得于河南府李姓者，闻又有《文选》铜板一叶，不知何物何归。

到城隍庙，得元诸路本，每页有某路某学字样。残本《北史》与前黑口元本不同，爱之，钱四百。得尤西堂、王山史、刘文正、毕秋帆字条。前年所得元本《豫章别集》《王梅溪集》，明本亦在此肆，黄残妆之，王全不足奇。见同乡赵孚民大令，出所得世祖赐某侍郎御笔画一，触手如新；又刘公所记肃刻阁帖七册，非世间所有。

见毛子静、李云生，毛出所得十年宅阳一剑见示，极佳。此与古铣、古匋、古币皆同时，寿丈知之。苏估言有唐墓志五六，价廉而不能购，且不便车行。李说一候补人某藏有唐志五十余种，不过数金一石，余亦好之，不能购，且万不能辇致京师，须数十大车也。皇甫驎一志在内，此魏志也。毛、李同说谢家一敦，已携入京师，尚有一底、盖全者，在候补官韩家。韩乃芝孙本家，有物许多。又扶风令孙氏有一敦，字极多，未多拓本，另一器也。陕西之铜泉范、泥范之精者不暇收，太多也。又一寓公某，家有一大壶，字在口，谢估在川曾言之。此行送女，又将冬令，行囊不给，又匆匆数日便去，不及物色。然天下之地，青州一带，河陕至汉中一路，皆古董坑也，余过辄流连不忍去。东坡说“岐山风物惭”，此语乃皮相耳，东坡未解好古也。然安得腰缠十万哉？若有之，决不上扬州。得泥封载国大行印文一，可补汉志及各家收藏之缺；得“执法护共印”五字一，皆旧谱所无，余不数。

过广元，见金轮石象，唐武后也。过马嵬，忽梦太真，黄病高颧，以青巾扎额，侍者内官黑蟒，与人间所传异。此梦语，然甚真切。

过河南府，有方估言李绅家有书廿箱，字画廿箱，一气出售。此则耳娱之矣。得一玉含蝉与汉印二。卢恒丰京货铺前老滩之王估（叔文）无一物。携来一鼎，新出六、七字，皆剔壞，不准拓，索价二百金。过龙门，两山夹水，即石凿佛，凡亿万身，文字累累，所见拓本万分之一耳。入目即一延昌像，记向无人拓。于是望洋而叹，安得携之以来!

到陈州时，丁少山为仲饴亲家校刻子苾文《捃古录》。见吴氏装册款识，及宋、元人札及他书画，皆精绝。嫁事毕，将去，与少山及家兄知仲谒太昊陵。百年前，先太常祭告奉使之地也，多古砖。

此次过陕，从孙估手恰得序布，直甚廉。十布全，至此蓄志二十年。惟有极精有极漫者，然皆真品也。

此中如在川所得汉残钱枚（旁缀画像，若武梁祠者）唐小铜碑及西番观音咒铜饰，费西墉出使琉球得佳纸，阮文达刻《玉识》初成，印以此纸，复赠费西墉本，皆剧品，不具数。

山东砖甸多，陕西铜器多，书亦多，不及细检，河南特匆匆一过耳。四川止蜀钱、宋钱多，明刻书亦常有之。之罘一山，遥遥在目，刻刻在心。

此中所言各物，书为详，然卷第缺数亦记不清。匆匆到此不及三月，日日作干禄字书，诸物堆积，尚未发箧，故记者便说之耳。

师舟行闷，来请以草纸批答之，交小吏亦钉为一本。寄之何如？到家事大且烦，便不及此，或日后庐中批寄之，亦以所见闻示之。不敢上拟《论》《孟》，亦河汾中说也。使后百年好古者得之，当奉为剧迹，未悉吾师以为然否？

## 家书

〔清〕王懿荣

稚梅大侄如晤：

得书并来差送到，借款如数收到。贵局诸公挪移假借费心，代谢。将来即由叔处奉还，不至迟误。

现已具折双请，于初九日办发。现已议和，不定廷议乡练仍着办否，一俟批还，再定行止。是以藩运两库已拨之款仍未遽行。请领卡黄县所，请林志魁管带两营月饷，系属自备。

以后捐款恐难为继，此节已经上达天听。即此次团练有捐资出力者，以后由地方官声叙请奖，业已时陈。乃三叔已于初六日启行赴省，先由潍县、青州府城一转，不久即接省眷回矣。

刘关道在此已见过，换约在烟台，不定是十四、十六两日否，渠尚未得上文。吾侄此番与小桥、维之、子正诸公尽心劳力，衣带不解，远近周知。叔遍阅数处，罕有其匹，已向中峰说明。将来汇齐各处考核，必有酬劳之处，千万勿懈。总以收拾人心为第一要义。勿谓和局已定，将来正不知尚有甚样变动也。言之黯然。此复

问候

近秩懿荣手泐四月十一日

# 故事传说

## 落山坡的传说

很久以前，古现河北村有个穷小子，姓王，人们都叫他王小。王小的父亲死得早，撇下他跟母亲相依为命过日子。他母亲常年病恹恹的，下炕的力气都没有，更谈不上干什么营生了。这样全靠王小给本村一户财主放牛，挣点粗粮麸皮，夹和着野菜维持母子生活。

王小天天在落山坡（一说罗山坡）上放牛。落山坡坐落在古现南四五里远的地方，是个荒坡，长满了青草，又有泉水，是放牛的好地方。他一边放牛，一边剜点野菜，拣点树枝，割点青草，天黑捎回家去，就锅上锅下都有了。偶尔能掏几个雀蛋，可煮熟给母亲吃。王小聪明伶俐，但捞不着读书，他母亲每想到这里就掉眼泪。日子就这样一天天过着。

有一天，王小正在落山坡放牛，忽见一个风尘仆仆的中年人到落山坡“圣水泉”边，把一个小坛放在地上，东张西望地转来转去，然后折了根枯树枝插在地上，又到别处转悠去了。这人在干什么？王小觉得奇怪，就走过去看他插的树枝。一看，更奇怪了：明明看见那人是将一根枯树枝插在“圣水泉”旁，转眼工夫就发芽了！王小心里咯噔一

下，明白是怎么回事了。他听人说过，有一些讲究风水的“方士”常用坛子装着老家的骨殖到山上踩地气。踩着了，把坛子一埋，以后他们家的日子就会发达，子孙后代就会做官。这人准是来踩地气的。这落山坡正是他踩的地气！想到这儿，他连忙把发了芽的枯树枝拔了，找个地方掩好。然后又折了一根粗细、长短、样子都差不多的枯树枝插到原处。这工夫，那个中年人急匆匆地转了回来，王小急忙远远躲开，低着头挖野菜。那中年人过来拔起枯树枝，左端详，右打量，并自言自语地嘟囔道：“咦！看花眼了？不，不会错。”他摸着头想了想，把王小招呼过来说：“我到山顶上去一趟，你在这泉旁好生看着它会有什么变化。”

那人上了山顶，使劲跺了三脚，此刻在泉旁的王小看得真切，只见泉水跟着窜了三窜，窜得老高。那人从山顶跑下来问：“这泉水有什么变化没有？”多了心眼的王小为了打消他认为此处有地气的念头，就说：“泉水一直就这么流着，能有什么变化呀？”中年人摇头，叫王小上坡顶跺脚。王小爬到坡顶，高抬腿，轻落脚，佯装连“跺”三次，泉水平静无波。那人心中疑惑，自语道：“难道是个火气？”他还是不死心，又从布袋里摸出几个鸡蛋，放到泉水里，对王小说：“你帮我看着它，别告诉其他人，你也别动它，我到山下古现街里吃点饭，回头捎烤饼给你吃。”王小答应了。中年人走后，过了一会儿，他拿出一个鸡蛋对着日头一瞅，里边浑了。他明白了，这泉水的温度能孵出小鸡来！他一口气跑回家去，向邻居借了几个鸡蛋在锅里煮了，迅速跑回落山坡，急三火四将泉水里的鸡蛋捞出来，换上从家里带来的熟鸡蛋，然后把那人放在泉里的鸡蛋在别处掩好。

那人从古现街上吃完饭回来了，急忙从泉水里捞出鸡蛋看，结果里边连小鸡的影子也没有。他瞅了瞅落山坡，自言自语地说：“看错了，真的看错了！”他摇晃着头，带上小坛失望地走了。

“踩气”的人走后，王小回家把事情的经过向母亲说了一遍。征得母亲的同意，他去对财主说要买下落山坡，让家人死后有个葬身的地方。这财主是败家子，早就不想要那荒山坡了，听王小要买，喜出望外。他暗想：几年没给他放牛钱，这块穷坡给他也合算，于是大方地说：“你给我放了几年牛，不用买，我留着也没用，送给你吧！”王小认为，空口无凭，执意要写契为据，财主答应了。

写契那天，王小杀掉家里仅有的一只鹅，又买了一些酒。待财主和写契人到王小家就座后，王小把煮熟的鹅放在食盒里提上，用大碗把酒斟满，请他们吃喝。饭后财主一字不提王小放牛的工钱，却说：“就把今天吃的喝的作为地价，写在契上。”王小答应了。写契人拿过文房四宝，指指划划口里念叨说：“一海碗酒，一食盒鹅，王小换你个落山坡。怎么样？”财主笑着点头：“对，行。”

写契人见财主不拿当回事，他也就不拿当回事，铺开纸，唰唰写完字据，并在字据上闹了个玩笑：“海碗”简称“海”字，“食盒”改成一个“河”字，字句就成了“一海酒，一河鹅，王小换了个落山坡。”财主看也没看，买卖双方和见证人按上手印，就叫王小收拾了。

买下落山坡不久，王小请人把祖坟迁到落山坡。从此，王小就白天劳动晚上读书，勤奋刻苦，孜孜不倦。因为他天资聪颖，祖坟又沾了灵气，王小后来中了进士，做了官。多年以后，王小的儿郎又中了进士做了官；再后来，王小的孙子也中了进士做了官。

当年那财主的后人见情反悔，断定落山坡有地气，让王小给哄了去，就想赎回来。于是他告到县府，要赎回落山坡。县官升堂时，财主的后人说：“当初王小请我祖父吃的东西，我现在加倍还他。”王小的后人听了微笑说：“只要你还得起，我愿将落山坡归还给你，请大人秉公照约断案。”衙役把王小家的契约放在公案上，县官一看惊奇不解，只见契上写道：“一海酒，一河鹅，王小换了个落山坡。”这样契约上的地价就是“一海酒，一河鹅”。县官问财主的后人：能付得起吗？财主的后人哑巴吃黄连，有口难辩，只得认输。

以后，落山坡就成为古现王氏家族的祖茔地。

## 磁山石老公的故事

在磁山中峰半腰上，有一尊瘦削屹立的巨石，形似一老头倚山而立，凝望着东北八角海湾里那座似人佝偻的礁石，此即磁山石老公也。海湾里被石老公凝望的礁石，便是石老公的老伴石老母。石老公与石老母夫妻因何各居一方，不得相伴呢？这里流传着一个感人的故事：

相传很久以前，磁山中峰半腰住着一对膝下无儿无女的老夫妻，每天靠种田和采摘野果、野菜度日。一年，天下大旱，庄稼颗粒不收，山上寸草不生，灶下无柴，锅中无米，老两口度日如年。不久，老公公因饥饿而病倒，老婆婆心急如焚，急难中猛然想起海来，何不到大海里捞条鱼，熬点鱼汤给老公公喝？然而令她担忧的是，自己一个裹足老妇，年迈体弱，要跋涉这么远的路，老公公的病又危急，何时才能回来呢？犹豫间，她想起磁山的通海洞，从那里去海边不是又近又快吗？几年前，她在磁山通海洞旁挖野菜时，看见从洞中走出两个衣服褴褛、满脸血迹的和尚，她惊吓不已，和尚告诉她不必害怕，他们是带着捆蜡烛想从这洞到海里去，因蜡烛用完没能实现，只好摸黑返回，所以碰得浑身衣服破烂、满脸是血。和尚还告诉她，海中有龙王，平民百姓想吃鱼，需先宰猪杀羊祭祀龙王，不然下海捕鱼会让海夜叉抓去，命就没了。从通海洞去大海捞鱼，老婆婆深知这里充满了艰难险阻，但她救老公公心切，顾不上那么多，毅然决定进洞去北海捞鱼。

太阳刚落山，老婆婆便进了洞。洞中伸手不见五指，她时而跌倒，时而碰壁，但还是不顾一切地往前走。不知过了多长时间，眼前豁然开朗起来，只见黛青色的海水在暗淡的星光辉映下涌动，她万分惊喜地扑进海里，海中的大鱼小鱼围着她游。她伸手去抓却抓不住，只得将衣服脱下来兜，左兜右兜，直到雄鸡报晓时才捉到一条小鱼。老婆婆欣喜若狂，心想这下老公公可有救了，想走出大海。正欲抬腿时，不幸的事情发生了，她被巡海的夜叉发现了，黑夜叉用手一指，她变成了一块礁石，再也不能回去了。

老婆婆走后，卧床的老公公撑着孱弱的病身子出屋，爬到山腰上，倚山而立，望着大海祈盼老婆婆快些归来。然而日复一日、年复一年，也不见老婆婆回来，渐渐地他也变成了一个石头人。

石老公的故事给美丽的磁山增添了无穷的神秘色彩和浪漫的遐想。当人们立于石老公身边时，定会从他那饱经风霜的脸上读出他的坚毅，从他那凝望着北海的眼神里读出他的执着与祈盼。

# 美食美谈

## “汆鱼福”的来历

传说秦始皇统一全国后，听信方士之言，多次沿海而行寻找海上仙山，求取长生不老药。他曾三次登临烟台芝罘岛。首次是秦始皇二十八年（前 219）“过黄腄，穷成山，登芝罘”，并在芝罘岛上勒石颂德。秦始皇喜欢吃鱼，可常被鱼刺伤到嗓子，为此，曾杀掉许多御厨。秦始皇到了腄县（今福山）后，找的是当地的厨师，命他烹制海鱼。腄县厨师早听说过秦始皇为吃鱼刺伤嗓子杀厨师的事，知道今天大难临头，又不得不做，气得把鱼放到案板上，用刀背使劲拍打，嘴里嚷道：“就是你把我师父、师兄送了命，这回又轮到我了……”谁知，他拍打的鱼肉和鱼刺奇迹般地分离了，于是他将鱼肉制作成鱼丸子，放到锅里汆熟，将鱼丸汤呈给秦始皇。秦始皇吃了这又鲜又无刺的鱼丸子，龙颜大悦，称腄县厨师技艺高，便将他留在身边做御厨。从此，“鱼丸子”这道菜便在胶东一带流传开来。到清乾隆年间（1736—1795），古现人王检任湖广总督，他也非常喜欢吃鱼丸子，几乎达到每顿必吃的地步。有一天，他家厨师在做鱼时手指不小心被鱼刺刺破，不能用手挤鱼丸了，于是就用汤匙把鱼肉馅一个个挖出放到锅里汆，结果汆出的鱼丸两头尖、中间粗，酷似元宝。王检吃时问厨师这叫什么菜，厨师灵机一动，脱口而出“汆鱼福”。王检非常高兴，赏了厨师。此菜后来有多种做法，成了鲁菜系中的名肴。

## 三妯娌做鱼

过去，古现海边有一个渔村，村里有一户靠打鱼为生的人家。这家老汉有三个儿子，常年跟着老爹出海打鱼，三个儿媳都有做鱼的本领。

这一年，正逢老汉六十大寿，全家人都张罗着为老人庆寿。老汉不让儿子为他破费，知道三个儿媳鱼做得好，提出要每个儿媳为他做一道全尾鱼，要求不要重样。

庆寿宴开始后，大儿媳做了第一道鱼。她先将鱼用盐腌入味，然后用鸡蛋糊把鱼裹好，煎成金黄色，再在鱼上撒上葱、姜丝，放进笼屉蒸熟，端上桌后，众宾客尝后大加赞赏，都说鲜嫩好吃。紧接着，二儿媳做第二道鱼，她先用花生油、葱姜和面酱爆锅，加鲜汤后，再把鱼放入汤中，加大料、花椒等入锅，用文火慢炖，待刚刚漫过鱼的汤汁烧尽，盛盘中端上桌，众宾客尝后，连声称赞，伸出大拇指。该三儿媳显身手了，小儿媳见两个嫂子做的鱼都得到了老爹和宾客的称赞，更加用心。只见她既不煎，又不烹，而是把拾掇好的鲜鱼放入锅中，加高汤慢火炖之，至鱼汤呈乳白色时，她将一汤匙自制的胡椒粉、两汤匙清醋、少许细盐加入鱼汤中，连鱼带汤盛入大海碗中，端上桌，众人一尝，齐声叫：妙！妙！妙！

老汉见三个儿媳做鱼各有一手绝活，喜滋滋地与众客人为这三道鱼膳起了不同名字：大儿媳做的叫煎蒸鱼，二儿媳做的叫红焖鱼，小儿媳做的叫醋椒鱼汤。这三种做法至今在古现和福山流传，后经许多名师改制，成为鲁菜中的 3 道名菜。

## 海肠粉的传说

从前，在京城最大的饭庄里有一位掌勺的福山人，他做的菜与众不同，味道特别鲜美。他的同行就纳闷，刀工一样，材料一样，为什么他炒出的菜味就高人一筹呢？后来，他们发现，他炒菜后，总是背着人，往菜里撒点什么。因为动作快，是什么谁也看不清楚，问他，他只是笑笑，不作声。因为他做菜好吃，许多贵宾点名要他做，掌柜的就给他加钱，他好不得意，一时间成了京城名厨。

同行们都在背后嫉妒他。一天，同行们设了一个计，请他吃饭。在丰盛的酒席中，众厨师排着队地奉承他，给他“戴高帽”，然后左一杯、右一杯轮流敬酒，把他灌醉了，不省人事。这时，众厨师就在他身上乱翻，最后翻出一个口袋，口袋里装着一包淡红色的粉末。他们不知道是什么东西，一个个用手撮一点，放到嘴里一尝，顿觉从头鲜到脚。等到福山厨师醒后，他们一个个先请罪，后虚心请教。福山厨师道：这是家乡古现沿海一带出产的一种海产，名叫海肠子，有提鲜味之功效。为此，他将海肠子烘干研成末，作为调味品用。但福山菜为什么总招人喜欢，关键不在于此，而是火候。无论海鲜、山珍，不同菜品需要不同火候，没有火候就没有福山菜。众厨师听罢，一个个点头称是。此后，众厨师纷纷拜福山厨师为师，虚心学习，把握火候，个个厨师菜品质量大有提高。这个大饭庄当时号称“天下第一楼”。

## 鱼锅片片的传说

关于鱼锅片片，古现周围沿海有一个口耳相传的传说：从前有一户渔民，丈夫把出海捕的小杂鱼拿回家，让妻子做着吃。天近晌午，妻子开始做饭，为了节省柴草，她先把鱼洗净加水焖煮，等火旺锅热后再把玉米片片贴在锅边。刚贴满一锅片片，正要再加柴火，门外有邻居来借农具，她出门把农具拿给邻居后赶快返回。就这么一会儿工夫，她到锅前傻了眼，原来刚烀上的玉米片片，每个都有一半溜进鱼汤里了。她想把片片取下来重做，可丈夫已从外面回家了，怕丈夫责备她，忙把锅盖上，添上柴草烧起火来。饭熟了，掀开锅，她铲起沾着鱼汤的片片，盛出了鲜鱼，忐忑不安地送到丈夫面前。丈夫吃了道:“好吃，太好吃了！”妻子这才笑了，就把怎么把饭做成这样说了一遍。丈夫说:“以后的片片就这样做。”妻子高兴得直点头。从此，这一做法在古现一带传开了，传遍了福山和烟台，成为当地的名吃。

## 锅塌黄鱼的传说

俗话说，巾帼不让须眉。在烹饪行业里，古现的妇女也不甘落后，他们利用持家操灶的有利条件，人人学做饭菜，个个善操刀勺。能否做一手好饭菜，成了“好女儿”“巧媳妇”的重要标准。也有不少妇女走出家门，到富家或商家做专职厨师，人称“厨娘”。相传过去古现的厨娘中有一位叫惠娘的，也不知是哪村哪庄人，厨艺高超，特别是她做的“煎黄花鱼”可称一绝，因此成为古现王氏家族的家厨。

一天，主人家临近中午来了客人，当家的点名要“煎黄花鱼”这道菜。惠娘到厨房一看，库里没有黄花鱼，现买已经来不及了。还好，前一天煎过的鱼还剩下一条，若是凉着上，慢待了客人，当家的肯定不高兴。要是重煎，恐怕会糊了外面而鱼肉不热，更会失去煎鱼的味道。情急之下，她便在锅里加了些清汤、酱油、食盐等调料，放入前一天煎好的黄花鱼，用文火煨透，慢慢收干汤汁，盛到盘内端到席上。客人和当家人一吃和往常煎鱼大不相同，虽然没有以前的煎鱼那么焦脆，但在香鲜之中又增加了绵软滑爽、味入肌理的口感。于是主人将惠娘唤来，问她怎么做的，惠娘如实回答。主人问这叫什么做法，惠娘便根据当地人把干制食品回潮叫“塌”了，告诉主人这叫“锅塌黄鱼”。一道名菜就这样传遍了胶东。后来的厨师们在此基础上又创造出“滑塌”“松塌”“香塌”等多种烹调技艺，鲁菜中出现了“锅塌鱼盒”“塌肉片”“锅塌豆腐”“滑塌鱼片”等名菜佳肴。

# 书画摄影

**书画** 古现不乏书法大师和丹青妙手，清代王鹭以及王检、王启绪、王燕绪父子的书法较为有名。金石学家王懿荣被誉为当时“四大书法家”之一，楷、草、篆、隶皆为上乘，其墨宝传藏民间者千金难求。王懿荣的后人崇燕、崇烈、崇焕继先人之风，在书法上各有建树。现代，古现涌现出中国书法家协会会员王仲年、王其耀和中国农民书法家协会会员徐永发等诸多书法爱好者。在绘画方面，清嘉庆年间（1796--1820）进士王延庆善画竹，惜无作品传世。当代较有名气的画家有中国美术家协会会员、女画家臧少丽，其作品多次在全国画展中获奖。

王懿荣书法（隶书）

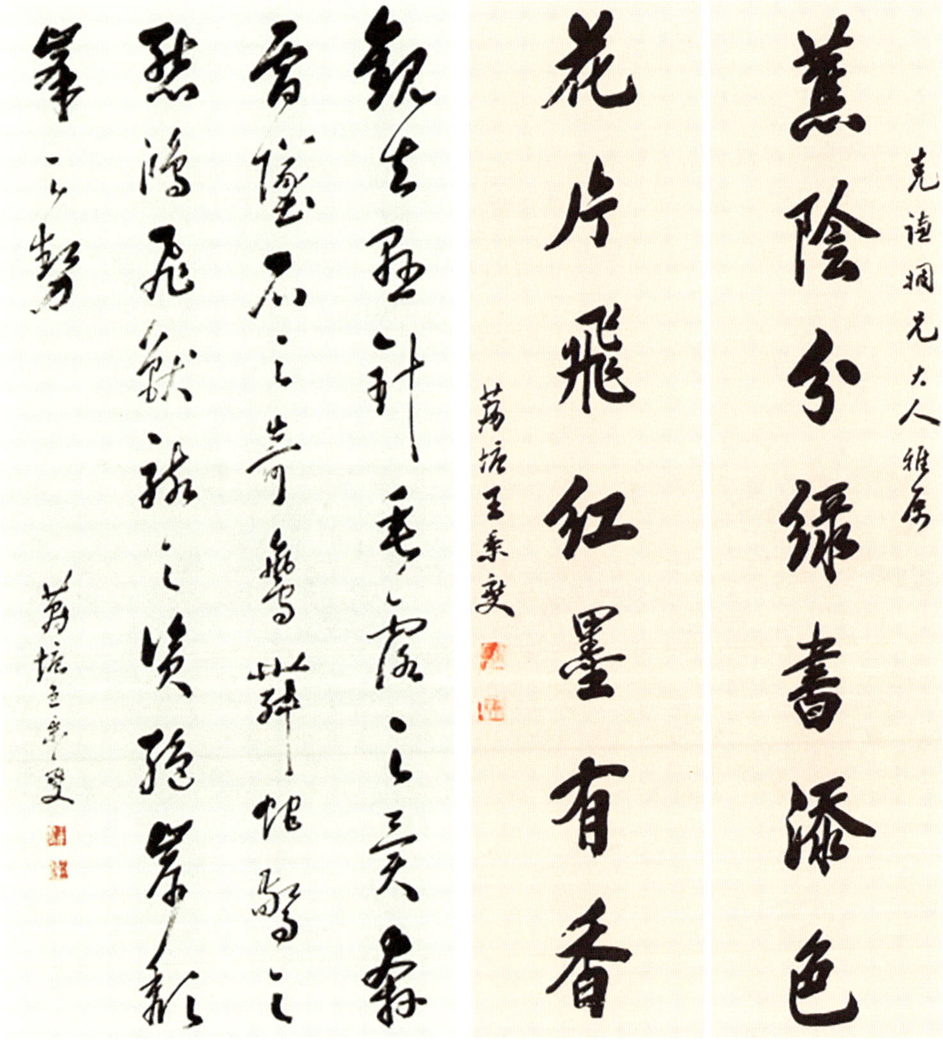

王乘燮书法

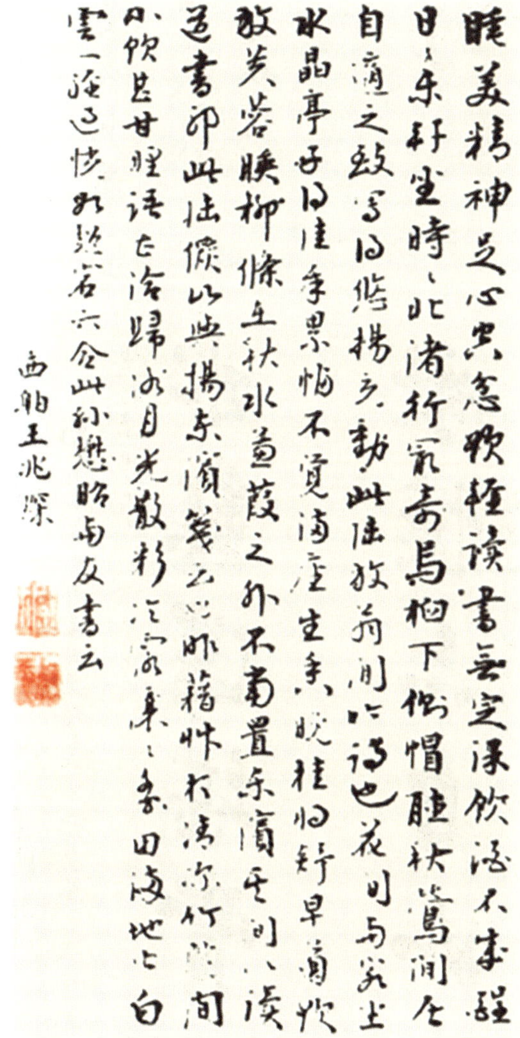

王兆琛对联、书法

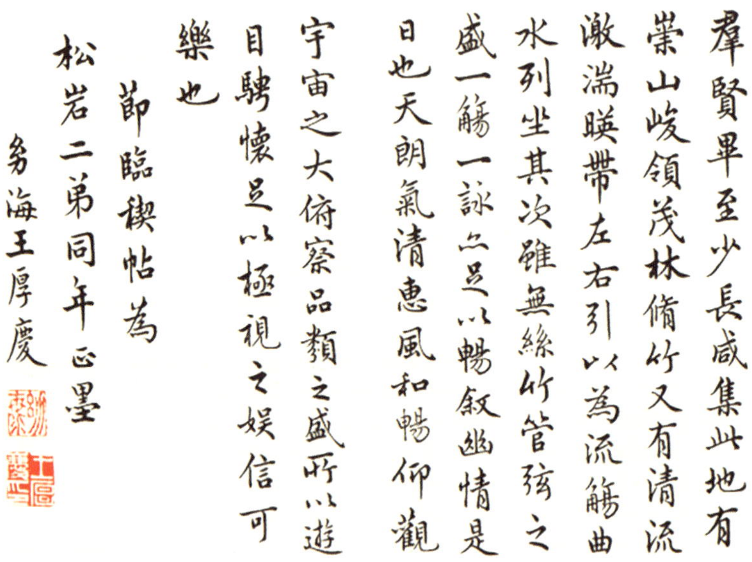


王厚庆书法

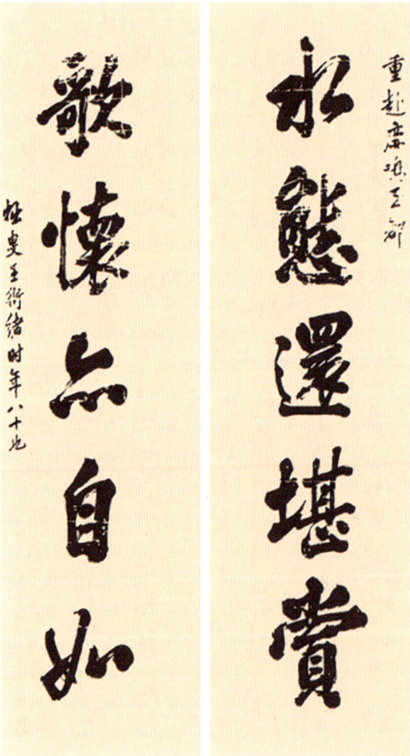

王衍绪书法

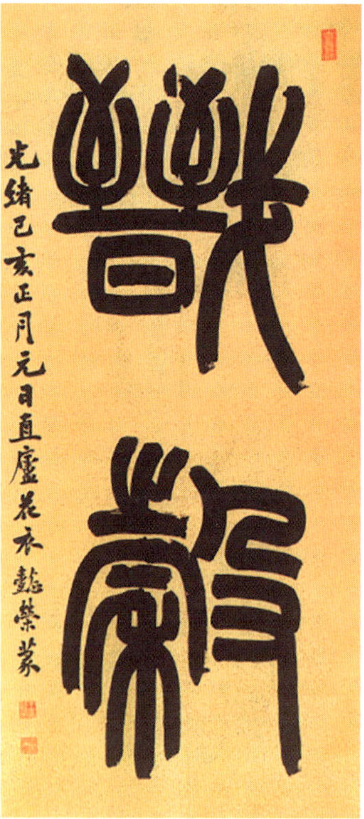


王懿荣书法（篆书）

王懿荣书法（行楷）

王懿荣书法（隶书）

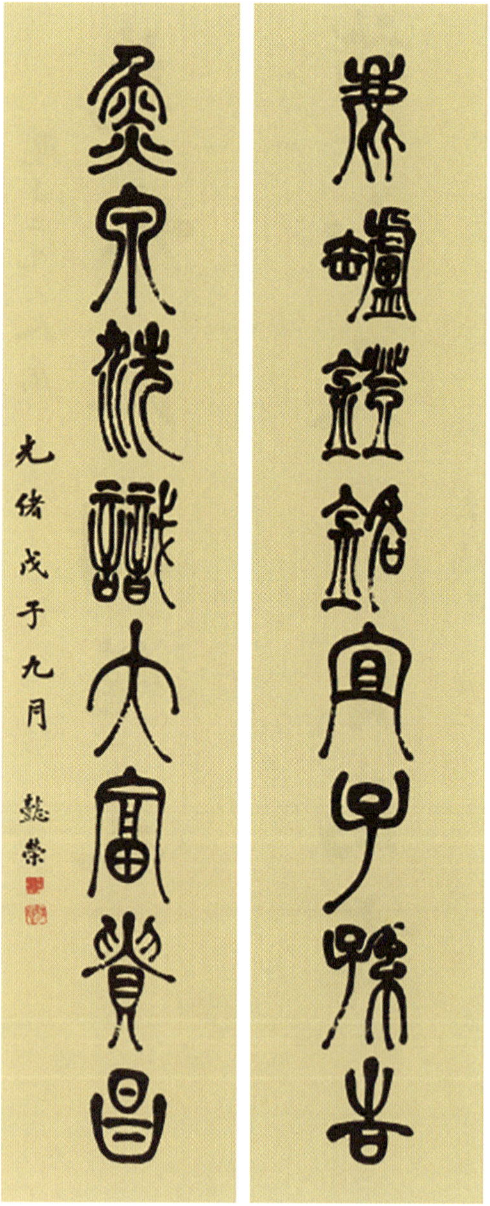


王懿荣书法（篆书）

慈圣天语福寿久长

慈圣御赐多受福祉

王懿荣印

王懿荣印

王懿荣

王懿荣

慈圣御赐松寿

慈圣御赐四季平安

慈圣御赐松寿

王懿荣印

王懿荣印

懿荣字正孺

懿荣

王懿荣

王懿荣长寿年宜子孙

敬书

三为祭酒

南斋供奉

世为官吏

南斋供奉

齐东野人之语

护封

翰林供奉

南斋供奉

国子先生

敬书

石渠瓦斋

拙笔

鲜民之生

王懿荣常用印

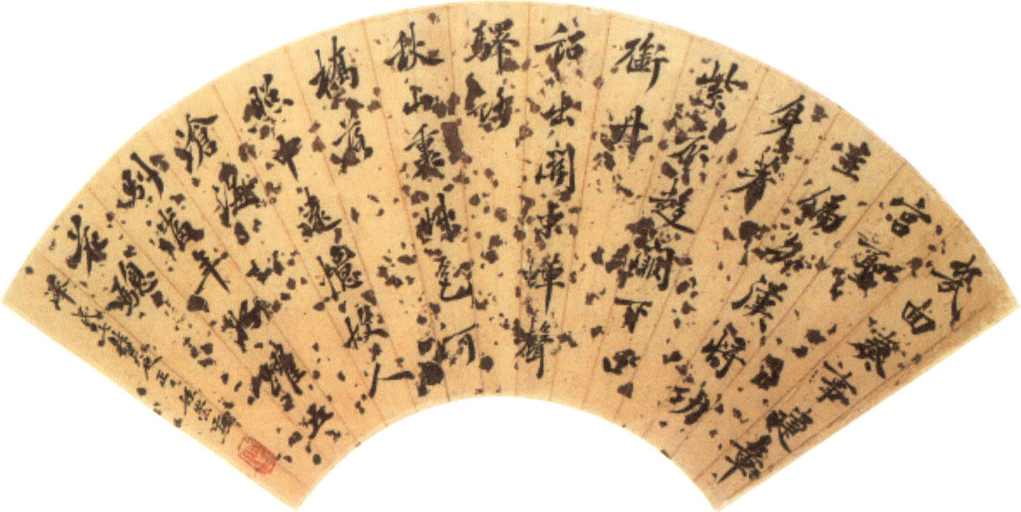

王崇燕书法

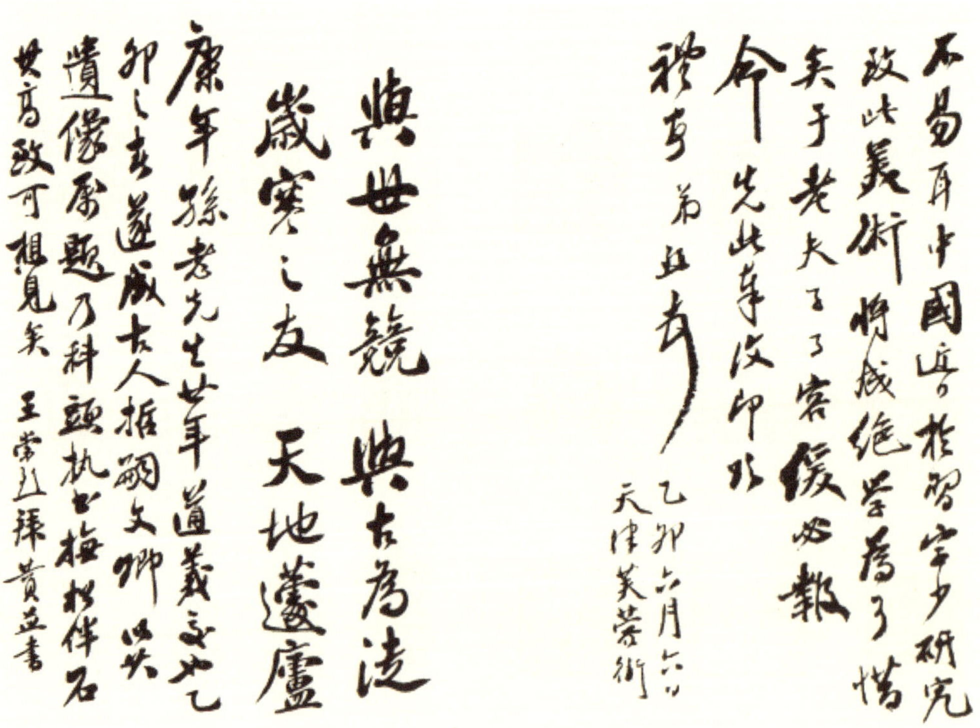

王崇烈书法

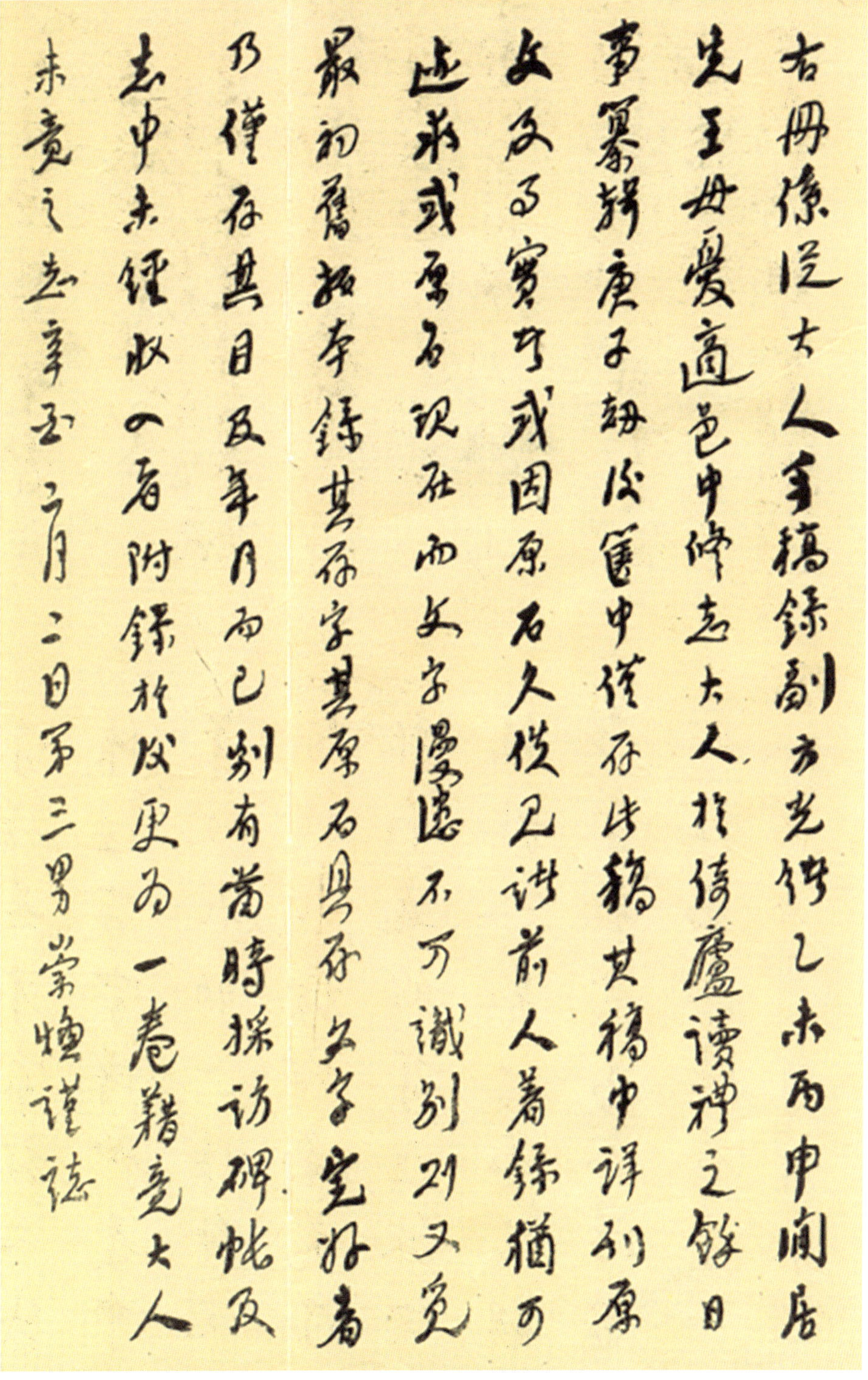
右冊係從大人手稿錄副方光緒乙未丙申閒居
先王母憂適邑中修志大人於倚廬讀禮之餘日
事纂輯庚子劫後篋中僅存此稿其稿中詳列原
文及為寶其或因原石久佚已誤前人著錄猶可
追求或原石現在而文字漫漶不可識別則又覓
最初舊拓本錄其存字其原石具存文字完好者
乃僅存其目及年月而已別有當時採訪碑帖及
志中未經收入者附錄於後更為一卷藉竟大人
未竟之志辛丑六月二日第三男崇煥謹誌

王崇焕书法

王其耀书法（一）

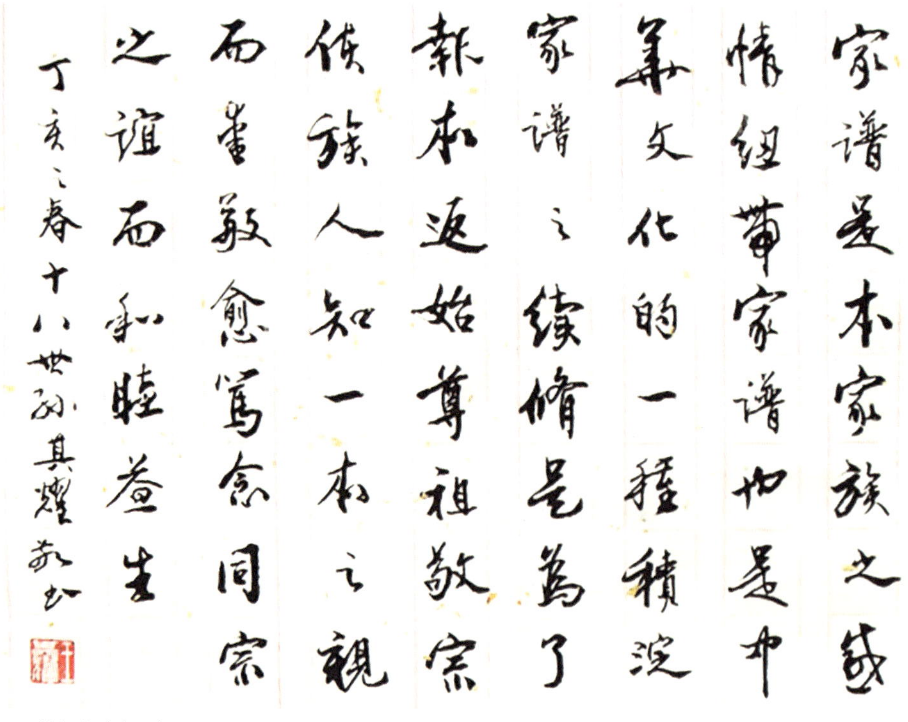

王其耀书法（二）

王懿荣题慈禧太后工笔松鹤图

王懿荣题慈禧太后工笔花卉图

王懿荣题慈禧太后工笔菊花图

臧少丽绘画作品《彭雪枫将军》

臧少丽绘画作品《出嫁心情》

**摄影**　古现籍中国摄影家协会会员、新疆老摄影家协会副主席王德钧系主任记者、专职摄影工作者，其摄影作品早在 1960 年即获《新疆画报》红旗稿件，先后有百余件作品参加全国及国际大赛，多次获奖。他曾获“中国艺术飞天奖杰出贡献人物”“共和国文艺之星”等称号，2015 年被中国文化交流大会组委会、世界汉诗协会、中国文化学会授予“联合国中华文化传播大使”称号。

王德钧摄影作品《天山雪莲》（获 1992 年中日大自然摄影赛最佳奖）

王德钧摄影作品《草原上的母亲》（获第十一届全国人像摄影艺术展览优秀奖并于 2006 年在中国美术馆展出）

# 名人与名镇

古现的灵山秀水哺育了历代优秀儿女，培养出众多名扬海内外的风流人物。除去王氏家族的人物，古现涌现出法学家张福运、书法家王仲年等。他们的高风亮节和优秀品德为后世景仰，对古现的文化和社会发展产生深远影响。

# 人物传略

**王久任**（1532—1607） 字凤池，古现街道河北村人，古现王氏七世。《王氏家谱》载，王久任性情刚直，崇尚气节，自幼勤学苦读，成绩优秀，多次在县、州、府学中考取第一名。明万历十四年（1586），他被选送国子监贡生，后被选任山西文水县主簿。其间，明神宗派宦官在文水主持开采银矿，王久任受命协助管理矿务。时宦官受宠，权力很大，王久任不卑不亢，勤于政务，善待矿工。文水百姓为他立碑颂德。时任山西巡抚魏允贞推荐他任王府纪善候缺，授迪功郎。

王久任致仕返乡后，潜心教育族中子孙，获家乡百姓敬仰。万历三十五年（1607），王久任去世，福山县知县联络士民上报礼部荐其为乡贤，奉祀于福山县文庙乡贤祠。清康熙年间（1662—1722），以孙骘贵，朝廷诰赠光禄大夫，户部尚书加一级。

**王道增**（1577—1659） 字仰池，古现东村人，王氏八世，王久任三子。明崇祯十三年（1640），福山“自春至秋无雨，禾稼焦枯，人相食”。福山城西北数十里村落成墟，灾难延续至次年。为生活计，王道增携全家由河北村迁入古现村。古现村处交通要道，逃难灾民由此经过，连绵不断。王道增设粥棚救灾民。王道增还把病饿死于村域者，以百文钱收尸一具，建义冢埋葬。其时，牟城、次兴等六社（现属古现街道）百姓共欠军粮500石，军中数次传檄催缴。但大旱灾年，百姓无粮上缴。福山知县吴闻诗上不敢违军命，下又怜悯百姓，找王道增商议对策。王道增随即发动族人，如数借足上缴。事后，吴闻诗欲向百姓征还，王道增婉拒。王道增的义举感动了六社百姓，吴闻诗特书“燕山堂”匾额褒赠，跋诗曰：“国课亏矣，赖尔输完；民生鲜矣，赖尔安全；爵尔所羞，禄尔所惭，天道福善，报尔燕山。”

明末，海上平岛（今长山列岛）有驻军设防，海运尚未打通，给养供应困难。守岛军队将领告示附近州县，重金招募海运者，因海上风大浪高及海盗猖獗，无人敢应。王道增不顾风险，组织族人应募，率运船打通海路，并且把所经岛屿的海道和海况及登岛地点摸清熟记，及时把军需运到岛上。

民国《福山县志稿》赞其为：“忧国、忧民、善交、善教。其精神、其德望，已与凤凰山共存。巍巍然兮，绵绵远兮。”清顺治十六年（1659）四月初六王道增去世，弥留之际，嘱诸子以“忠孝”二字为遗命。殁后，远近赴哭者，家人多不识其姓名。清康熙十八年（1679），乡官郭诗、吕封齐和域内贡生124人公举王道增为乡贤。逝后，朝廷赠封为礼部儒官，诰封奉政大夫，晋赠通议大夫，累赠光禄大夫，户部尚书加一级。康熙二十年（1681）五月初九入福山乡贤祠奉祀。

**王允谐**（生卒年不详） 古现街道河北村人，王允谐少年读书刻苦，《王氏家谱》载：“家贫刻苦好学，常于驴背上读书，任其所止，在门口绊倒，方知到家。”明崇祯四年（1631），王允谐参加辛未科乡试，中第40名举人，次年会试落第，其后因战乱避居于家。直到16年后，年届五十岁的王允谐应清顺治四年（1647）丁亥科会试，中三甲第154名进士，授大理寺观政。任满后，放陕西省成县知县。王允谐任成县知县时，地方上财政匮乏，人民生活在苦难之中。王允谐到任后，减轻赋税，鼓励商民开矿，百姓安居乐业。

王允谐为官清廉，不趋炎附势，对陋俗恶习深恶痛绝。顺治十年（1653）冬，成县在京任礼部员外郎的官员回乡祭祖。时逢雪灾，大雪封路。天水府知府命王允谐派民丁将成县至徽县地界道路清扫干净，迎接那位京官回乡省亲。王允谐其时正在乡下组织救灾，听到此令，非常气愤，未派人清扫道路，结果得罪知府和那个京官。届满考绩，以不称职而被罢官。王允谐罢归故里后，以耕读为生，常为乡民做善事，晚年善终。《福山县志稿》有传。

**王三锡**（生卒年不详） 古现街道河北村人，武进士。《福山县志稿》载：“三锡幼而沉毅，倜傥不群，能诗善文，……其身材矫健便利，弓马术绝伦。”少年时便中武庠生，明崇祯六年（1633），应顺天府癸酉科武科乡试，中第一名武解元。次年，王三锡参加兵部会试中式，后中二甲27名，赐武进士，授直隶昌平道中军守备。三年后擢升山东提标水师左营游击。王三锡多次担当重任，军功显著。然而明王朝已腐朽败落，王三锡知难挽败局，蹈海而亡。清军入关后，朝廷表彰王三锡的忠心和功绩，诰封其为怀远将军，从二品官阶封典。

**王骘**（1614—1695） 字相居，号几庵，古现东村人，王氏九世，王道增长子。清顺治十一年（1654）应顺天府乡试，中举。次年，连捷会试、殿试二甲第49名，赐进士出身。后授都察院观政改授户部山西司主事。任职期间，王骘监督通州中南仓时，废除挟公济私的陈规陋习，严惩贪吏，积弊得以纠正。因政绩卓著，升户部浙江司员外郎，旋升刑部江南司郎中。其间，力排众议，平反海州知州马中矩冤狱。清康熙十九年（1680），王骘任四川松威道。他为官清廉，随身带两名家童，所用皆由己出。当时朝廷会剿吴三桂余党，进征云南，水路数千里，悬崖危峡，王骘督运军粮。他曾在虾蟆滩覆舟险溺，后又坠马于狮子坎，数次临难，然转运粮草从未误期。王骘四川为官五年，修水利，建学庠，兴教化，励德行，百废俱兴，百姓安居乐业。

康熙二十四年（1685），再迁直隶北道（今张家口、宣化等地）。赴部述职，觐见皇帝。时京师大兴土木，工部计令川省采运楠、杉木各4000根，王骘为民请命，上疏《请停止解运楠木疏》，历陈川省屡遭战乱，民生凋敝，且悬崖峭壁，采伐至难，恳请皇帝免除四川采楠之役。疏词恳切，感动皇帝，于是诏令停止采运，改取塞外松木充殿材，为川解除一场劳民伤财之役。川民欢欣鼓舞，以诗文颂扬，并绘王骘肖像置于古之有功于川民的秦代李冰父子、汉代文翁与廉范、宋代张泳与崔与之等的祠堂，称之“七公祠”，还特别撰写《松威治绩纪略》立碑纪念。

康熙二十六年（1687），王骘补光禄寺少卿，转通政司参议，晋鸿胪寺卿，迁太常寺卿。十二月，授江西巡抚。康熙二十七年（1688），王骘升任闽浙总督。在职期间，他事必躬亲，除弊惩劣，勤于政务，直到累得双目昏花、手腕糜烂。闽浙两省百姓皆称其为清廉总督。离任时，两省绅士兵民列队数十里，为他进酒、脱靴相送。康熙二十八年（1689），康熙皇帝南巡时在无锡召见王骘，为褒奖他的功绩和清廉，特赐予御用冠服物件数宗，书“养素”匾额赐王骘，还御书苏东坡《古风》诗轴及自撰七言诗绫书一幅相赐。五月，王骘内升户部尚书。第二年，王骘出巡不幸坠马摔伤。康熙三十二年（1693），王骘以坠马时旧伤复发乞休，康熙帝遣太医院御医至寓所视治，并命在任调理。当时户部伙房招标采买，一年支用金钱百万余，对余下的部分分贿各堂司，王骘拒不接收。其间，陕西凤翔发生灾荒，王骘受命抱病前往赈灾。康熙三十三年（1694），王骘致仕归故里。康熙三十四年（1695）五月二十二日，去世于故里。康熙四十一年（1702），福山生员及乡民480多人公举王骘为乡贤。

**王澔**（1667—1742） 字征远，号溟波，古现东村人，古现王氏十世。王澔4岁时父亲去世，他自幼孝敬母亲，发奋读书。王澔因秋闱不第，授例谒选，后入国子监。清康熙五十二年（1713），选授云南省龙州知州。龙州地处大山，多个少数民族杂处。王滑到任后，移风易俗，使民治平安。龙州有 8 处盐井，灶户除交纳官府法定税捐外，地方官员还设立许多苛捐杂税，致使灶户濒临倒闭。王滑到任后，废除官税之外的各种盘剥，为防后继改变此规，勒石立碑为证。此举深得民心，也得到康熙帝赞许。

王滑以“才守第一”擢升广西省太平府知府。太平府是古南诏国边缘之地，辖 21 个少数民族土司。其中，思明州土司黄而芸曾聚集数千人与各土司相杀、剽劫行旅，杀害过往商人，肆虐民众。王滑到任后，先秘密派人深入思明侦探敌情，然后带两名随从以巡边之名，进入思明州召黄而芸议事。趁其不备，王滑与从人将其捕捉。王滑出示巡抚檄文，当中历数黄而芸之罪，王滑将其押回府衙，按律治罪。其余土司纷纷表示愿意服从朝廷。接着，王滑在太平府推行“改土归流”政策，使百姓安居乐业。

太平府所辖的龙英州土司赵雍城巧立名目，盘剥百姓。王滑按律惩治赵雍城，赵雍城托人向王滑行贿三千金求免。王滑召集官兵于衙，当堂拿出赵雍城送的三千贿金，依法治其罪，州民人心大快。其他土司见王滑执法如山，都心悦诚服。其后，太平府令行禁止，真正成为太平之地。王滑的政绩得到百姓拥护，却遭到一些土司和同僚的嫉妒和怨恨。清雍正元年（1723），他遭受诬陷被免官。离任时，太平府百姓拦车泣送者数万人，远及十余里。

雍正八年（1730），山东局部遭灾。王滑捐献杂粮三千石，命四子王检装运至利津，赈济灾民。雍正十年（1732），山东兖州遭大旱，王滑前往兖州赈灾，深得官民赞赏。

清乾隆四年（1739），王滑乞请告老还乡。回故乡后，王滑看到福山县城年久失修，城墙已近坍塌，他以捐千金为首倡议整修县城，得到士民响应，纷纷捐款整修县城。

**王柔**（1689—1765）字东年，古现东村人，王滑长子。王柔自幼好学读经，刻苦努力，尤工书法，为山东学政陈恂赞赏。经考，补县学生员，后乡试不利，入国子监谒选。清康熙五十三年（1714），选授湖南永州同知，后授乾州同知。乾州是苗族的杂居地，王柔到任后，亲履乡寨，体察民情，让每寨举首领一人，给予印照，制订寨规，上下统辖，自是寨民安定。王柔上书湖南巡抚，提出设郡抚绥的建议，深得皇帝称赞，改授辰沅靖道。时朝廷在湖南永顺、保靖、桑植苗族土司三地实行“改土归流”新政，上司议于永顺等处增设一府三县，并于桑植设副将一员，朝廷特旨命王柔署理。王柔到任后往三地视察，捐廉买粮，建立义仓，向兵民接济粮草。所到苗寨，宣布辰沅所属无田贫民皆为其授田，任其耕种收获。于是苗民相安，苗疆巩固，百姓安居，此地被命名为“永绥”。

清雍正十年（1732），王柔授湖北按察使。其间，王柔因审理麻城县民案件神明被称为“白面包公”。雍正十三年（1735）秋，王柔改授浙江海防兵备道，协办海塘事务。清乾隆六年（1741），湖南城绥土匪作乱，界连广西义宁。贵州总督张广泗剿办失利。朝廷下旨，以王柔补授辰沅靖道，仍带按察使衔，督办城绥军务。接旨后，王柔设计诱擒匪首杨青保等 12 人，被乾隆帝赞为“军功第一”。

乾隆十三年（1748），王柔授任四川建昌道，在任两年，以老病乞休归里。返乡后，王柔居门不出，以教育子孙读书为任。著有《东年奏议》8 卷。

**王检**（1707—1767） 字思及，古现东村人，王潸第四子。王检少年才俊，至孝好学，有过目不忘之誉。清雍正七年（1729），王检参加顺天府乡试，中举。雍正十一年（1733），以二甲 55 名中进士。入翰林院庶吉士。清乾隆元年（1736），散馆大考一等，授编修。次年，大考列四等，休致居家。乾隆十三年（1748），王检奉旨复职国史馆纂修。同年，授直隶河间府知府，他重视教育，上任重建“瀛洲学院”，聘请名师，并亲自督学。他将历任知府用以出租获利的 70 亩“官地”分给贫民和无业者耕种。乾隆十六年（1751），王检因政绩卓著，被召随乾隆帝南巡。擢升甘肃凉庄道，又调任直隶霸昌道台。乾隆十八年（1753），调任通水河道总督，治理河运，畅通无阻，漕粮如期运往京都，乾隆帝称赞其“才优守洁。”乾隆二十四年（1759），调任长芦（今沧州）盐运使，到任后，发现衙门官员的一切费用皆由盐商供给，存在权商交易，王检立即予以废除。在王检严厉治理下，原来收贿成风的转运司上下清白，再未发现贪腐现象。乾隆二十九年（1764），王检擢升湖北巡抚。次年，升湖广总督。辖地所属芷江县，与贵州连界，该省施溪县土匪黄明扬、张成章等聚众抢劫，扰乱地方。王检会同贵州巡抚，督员率弁，尽行拿获，后王检调任广东巡抚。到任后，王检以勤俭约束属下，取消一切宴会，从官场做起，移风易俗，奢侈之风渐淡，勤俭之风日兴。由于王检勤于政事，积劳成疾，但体气稍复，即照常理事。乾隆三十二年（1767）八月，王检病逝于抚衙。王检灵柩返乡时，广东百姓皆穿白衣，里巷哭声相闻。棺椁运抵故里时，前往吊唁的人堵塞道路。逝后，朝廷诰授他为一品光禄大夫，谥号文勤，赠太子少保封典。

**王启绪**（1729—1781）字德圃，号绍衣。古现街道东村人。王检长子。王启绪幼承家学，经过县府考试，取得廪生资格。清乾隆十二年（1747），山东省丁卯乡试中第200名举人。乾隆十六年（1751）参加辛未科会试，复殿试，中二甲第55名进士。入翰林院，朝考一等，授翰林院庶吉士。教习馆三年期满，散馆一等，授翰林院编修。乾隆二十一年（1756），授贵州省乡试主官。王启绪推贤荐善，选拔的举子大多寒门出身，但品高学优，因此贵州省群贤毕至。后任云南道监察御史。在任期间，王启绪巡州县，察百官，纠冤狱，肃吏治，尽职尽责，为政清明。乾隆二十五年（1760），任武英殿试官，署兵科给事中，巡视天津漕务。次年，因父王检任湖广总督职，遵回避例，改补户部四川司郎中。其间，王启绪将在家乡所建书斋“有棣堂”献出，作为王氏家族书馆，又名“遗书楼”，并在馆内设立私塾，教育子弟和村民子女。王启绪后任河南开封知府兼署河道。乾隆四十六年（1781）夏，天降暴雨，祥符（今开封市辖区）黄河泛滥决口，王启绪率几万兵民，日夜封堵抢险，劳累过度，并旧疾复发，猝死于大堤。王启绪殉职后，诰封中宪大夫。

**王照圆**（1763—1851）女，原名瑞玉，字照圆，号婉佺，古现街道河北村人。王氏家族十四世，清代女诗人和训诂学家。王照圆出身书香门第，6岁丧父，母亲抚育她，幼读《孝经》《内则》《毛诗》等，15岁泛读经史。20岁作《葩经小记》。

清乾隆五十三年（1788），王照圆与栖霞人郝懿行结婚。随夫进京后，王照圆与文人学者广泛交往，并受到文界赏识，曾为尚书阮元题诗“齐名积古从公定，室有藏书是母留”。王照圆夫妇把平常唱和的诗汇编成《和鸣集》，共同编撰《诗经新解》《诗问》《尔雅义疏》等著述。道光五年（1825），郝懿行病逝，王照圆整理丈夫遗作，并自著《列女传补注》《列女传校正》《晒书堂闺中文存》等。其学问人品，备受尊崇，当时，文坛中有“高邮王父子（王念孙与王引之），栖霞郝夫妇”之说。

**王兆琛**（1786—1852）原名兆玺，字西舶，古现街道东村人，王懿荣祖父。清嘉庆十一年（1806）中举，嘉庆二十二年（1817）中进士，入翰林院为庶吉士。两年后，授翰林院编修。清道光九年（1829），调任湖广道监察御史。任内，见城内街道向无修整经费，奏请库银三万两，发至五城典铺生息，每年以息之半用于修整街道，余者归还国库，使国家与地方同时受益。以后，王兆琛又以同样生息办法增补练兵费用。同年四月，直隶总督奏请将不称职、不能胜任的知府改为京职，王兆琛即上疏提出不同看法，认为对不胜任和年迈力衰者，督抚应甄别降调使用，概不得请改京职，其奏章得到道光帝的肯定。

此后，王兆琛历任江西督粮道、安徽宁池太广道、甘肃按察使、四川布政使等职。清道光二十五年（1845），以捐输河工经费赏戴花翎。次年，擢升山西巡抚。道光二十八年（1848），萨拉齐厅遭水灾，洪洞、襄陵、定襄、陵川又遭旱、雹等灾，王兆琛上本请求缓征本年钱粮，获准。道光二十九年（1849），因司库存款当铺生息，破产当商挟银逃跑，王兆琛有失察之过，上命户部、吏部查办，寻经褫职，遣戍新疆。

清咸丰二年（1852），王兆琛卒于新疆。死后，受特赏正一品建威将军，济里杭阿巴图鲁花翎提督衔记名总兵封典。光绪皇帝追赠其一品荣禄大夫封典。

**张福运**（1890—1983） 古现人，法学家、政治家，曾任哈佛大学顾问、联合国组织会议中国代表团法律经济技术专家、中俄莫斯科会谈法律顾问。

1910 年，张福运考取清华庚款留美预备班。1911 年，赴美国哈佛大学法学院学习，为第一批留学哈佛大学的中国人。1917 年，获哈佛大学法学学士学位。毕业回国后，任教北京大学。后任职于北京政府交通部、外交部，曾担任中国代表团秘书，参加华盛顿“国际限制海军军备会议”。1922—1925 年，任交通大学（北京）校长。1927 年，应哈佛大学同窗、国民政府财政部长宋子文的邀请，任国民政府财政部首任关务署署长兼国定税则委员会委员长。任职期间，促成中国收复关税自主权。1949 年，赴美供职于亚洲学会。1983 年，张福运病逝于旧金山寓所。

**王仲年**（1900—1988） 笔名重年，古现街道北斗村人，王氏十九世。画家、教授，北京市文化史馆馆员。王仲年擅长油画、国画、书法，精通英、法、德、意、日五国语言，其创作的油画作品被国外许多国家级博物馆收藏。

王仲年出生于北京，父亲是清末民国初北京殷富的商人，与王懿荣同宗且交往甚厚。王仲年 1925 年毕业于国立北京艺术专门学校，在齐白石、陈半丁等指导下，打下了扎实的美术功底，并与李苦禅、王雪涛等同学共创九友画会，名重一时。1925—1930 年，王仲年赴捷克国家艺术学院留学。毕业后，王仲年游学欧洲各国，探讨技艺。他先后在英、法、德、意大利、荷兰等国举办个人画展。其间，参加由当时留学欧美国家的爱国知名人士严复、詹天佑等创建的欧美同学会。1934 年，他谢绝居住国批准他加入该国国籍的待遇。1950 年，响应国外学者回国参加祖国建设的号召，回国定居。在国家公私合营运动中，他把家族产业全部捐献给国家，1958 年任轻工业部美术顾问。

1966 年，受“文化大革命”冲击，王仲年全家迁回古现石岚村居住。14 年间，他在艰难的生活困境中，借一间无门的草房，以炕为书案，早晚练习绘画和书法，研读外文和绘画理论。他用粗劣的土制草纸练习字画，技艺日进。1978 年，他根据已研究成果，写出 5 部《书谱》。1980 年，80 岁的王仲年回到北京，任北京市文史馆馆员。

**李文轩**（1901—1985） 古现街道东村人，中共党员，古现村早期农民抗日救国会领导成员之一。1948 年，土地改革以后，农民开始在自己的土地上积极发展生产。如何提高粮食产量，才能使刚刚翻身得到土地的农民吃饱饭，是当时农村亟需解决的问题。李文轩想要多产粮食，首先从积肥着手。之后，他除每天坚持走街串巷拾粪外（当时农村猪、鸡都习惯散养），还利用自家门前是集市的有利条件，在街上多个角落摆上大缸和尿桶，把收集起来的粪尿加水搅拌后，于立冬前浇在麦田里给小麦追肥。他把拾来的粪便加泥土沤成土杂肥，用在播种前做基肥，并将小麦品种换成优良品种扁穗麦。由于精耕细作，他种的小麦亩产突破 250 千克，比其他农户增产 1 倍多，破了当时的全县纪录。同时，他把玉米老品种换成新品种，使玉米产量提高到 400 千克左右。为此县、乡政府组织各村学习推广他的经验，在全县掀起积攒农家肥全力夺高产的生产热潮。1950 年，李文轩被评为山东省劳动模范。1951 年 2 月，李文轩出席山东省工农劳动模范代表大会，山东省人民政府奖励他人推畜拉式水车 1 台、手摇玉米脱粒机 1 台。

1959—1966 年，李文轩担任村党支部委员，继续为建设社会主义新农村勤奋工作。1985 年，李文轩病逝。

**王宪钧**（1910—1993） 古现街道东村人，王懿荣曾孙。1930 年，王宪钧从天津南开中学转入清华大学哲学系学习，1933 年本科毕业。1933—1935 年，他为清华哲学系研究生，师从金岳霖先生。1936 年，王宪钧公费赴德国柏林大学留学，后入奥地利维也纳大学、德国明斯特大学进修，受业于逻辑学家哥德尔、逻辑史学家肖尔兹等。王宪钧一生致力于开创与发展中国的数理逻辑研究和教育事业，1938 年从德国回国之初，先后在西南联大和清华大学教授国际前沿的逻辑思想和学术。20 世纪 50 年代，他调任北京大学哲学系逻辑学教研室主任，在北大建立和开设中国第一个逻辑专业学科。改革开放后，他首先提出逻辑教学与研究方针。他对学生谆谆教诲，制订新的教学规划，撰写专业教科书，主编现代逻辑丛书。耄耋之年，他不顾沉疴加身，仍坚持指导博士生。王宪钧执教 55 年，门下数代弟子，其中不少人成为国内逻辑学界的中坚。他所著的《数理逻辑引论》是国内大学逻辑教学范本。

**王宪钊**（1916—1998） 高级工程师，中国气象事业的奠基人之一，王懿荣曾孙。他曾任中国气象学会副理事长、美国气象学会会员，是中国人民政治协商会议第四、五、六届全国委员会委员。王宪钊 1936 年毕业于天津南开中学。1938 年夏，王宪钊赴昆明，到西南联大以南开大学学籍复学。1941 年，他受聘为清华大学航空研究所助教，参与气象学佐理工作，后因抗日战争需要，调任中国航空公司气象员，参加援华美军抗日物资运输服务工作，为著名的“驼峰航线”提供天气预报。抗日战争胜利后，王宪钊被派赴福建省组建福建第一个气象台，后调入国民政府中央气象局工作，担任广州气象台台长。中华人民共和国成立前夕，王宪钊拒绝国民党政府安排他去台湾和将广州气象台全部人员与仪器设备调运台湾的命令，不顾生命危险，坚持留在广州保护气象台站，直至中华人民共和国成立。

中华人民共和国成立后，王宪钊全身心投入气象事业的建设，先在汉口中南军区司令部气象处任办公室主任，主持中南地区气象业务技术工作。当时中南地区气象站大部分在战争中被破坏，观测工作几乎停止。在中共领导下，他克服困难，积极开展中南地区地面、高空气象台站网建设工作及预报工作。他先后参与组建汉口中心气象台、湖北省气象台和中南各省 100 多个气象台、16 个高空测风站及一个探空站，为中南地区气象事业的发展奠定基础。1954 年武汉长江中下游发生特大洪水，王宪钊担任汉口中心气象台天气预报总领班，在缺乏气象资料的情况下，组织集体天气会商，改进天气分析程序，逐日发布雨情简报，为防汛抗洪提供有力保障。

1954 年年底，王宪钊调中国气象局，先后担任台站处兼计划财务处高级工程师、中国气象局气象科研所预报处处长、中国气象局气象科研所副所长、中国气象局中央气象台总工程师、中国气象局副总工程师、中国气象局技术发展办公室主任等职。其间，他主持编制中国气象事业发展远景规划，参与制定一系列规划及年度计划和《全国气象事业发展第八个五年计划》。

**黄振东**（1918—1987） 原名臧宜勋，古现街道西臧家村人。黄振东在烟台读初中，主动接受进步思想，积极参加抗日救亡运动。初中毕业后，任小学教员。抗日战争全面爆发后，黄振东于 1938 年 1 月在蓬莱参加中共领导的山东人民抗日救国军第三军二路一大队，同年 10 月加入中国共产党。1939 年 3 月，黄振东担任胶东东海地委军事部长兼游击总队队长，开展抗日武装斗争。1940 年春，黄振东任东海特委领导下的独立一营营长，巩固和扩大抗日根据地，率部攻击莱西日军据点。1942 年 6 月，在反“扫荡”斗争中，黄振东率领八路军 16 团 1 营在野东夼、留格庄、腾甲庄等战役中重创日伪军。1943 年，他率部攻打牟平日军水道观据点，全歼日军一个加强小队，缴获大量武器弹药和军需物资。

解放战争期间，在 1947 年的寒亭战斗中，黄振东率西海独立 1 团围城打援，歼敌 800 余人。1948 年潍县战役中，他率部攻克敌外围据点，活捉敌 43 军中将军长陈金城。后又率部参加济南、淮海、渡江及解放上海等重大战役。1955 年，黄振东被中央军委授予三级独立自由勋章和二级解放勋章。在南京军区任职期间，黄振东两次受到军区嘉奖，受到中央军委领导赞扬。

**王伟光**（1918—1964） 原名王尊诰，古现街道山王家村人。王伟光出身农民家庭，师范学校毕业。1938 年年初，参加中共领导的山东抗日游击队，同年 5 月加入中国共产党，后任八路军胶东军区十六团政治委员，屡立战功。1946 年，部队奉命调往辽南，他任辽宁军区第四纵队师政治部主任，领导根据地军民发展地方人民武装，建立地方政权，打击国民党反动派，多次受到军部嘉奖。1951 年春，转业到地方工作，任中共广东省东江地委第一书记，领导全区进行土地改革。1952 年，任中共粤东区党委副书记兼汕头市委第一书记。1954 年，调任武汉锅炉厂任厂长。1961 年，调中共中央中南局任计划委员会副主任，因积劳成疾，久治无效病逝于广州。

**王福重**（1921—2004） 女， 古现街道东村人，出生于天津市，王懿荣嫡孙女，王崇焕长女。王福重自幼聪颖好学，因家境拮据，两个哥哥上学，只能由母亲沈宜教授她识字、书法。1931 年，王福重考入天津圣功小学。1933 年，她越级考入圣功女子中学。她品学兼优，德智体全面发展，学习成绩名列前茅，体育曾为全校十项全能冠军，年年获奖学金。1940 年，王福重考入燕京大学研究生院，后因家庭困难，肄业被聘为天津圣功女中教员。之后再度求学，1946 年毕业于辅仁大学化学系。1954 年，王福重任天津师范学院女附中化学教师，1956 年，任天津师范学院附中（后更名为天津新华中学）副校长。任教期间，王福重努力钻研业务，教学经验丰富，教学效果显著，创造了独特风格的王氏教学理论，成为天津市名师之一。1978 年 12 月，天津市革命委员会根据教育部、国家计委《关于评选特级教师的暂行规定》，授予王福重特级教师称号。其事迹登载在 1979 年 1 月《天津教育》杂志第一期。她多次被评为区市先进工作者模范教师，获天津市劳动模范称号和全国劳动模范称号。

1948 年 4 月，王福重与薛恩钰结婚，其时公婆均年过花甲，丈夫有姊妹五人、兄弟三人，她与家人关系和谐融洽，与婆婆一起生活 30 余年，情同母女。不仅如此，王福重还和一直未嫁、常年患病的大姑姐一起生活 50 年，相敬相爱。

自 20 世纪 50 年代起，王福重担任区人大代表、人大常委，市（省）政协委员、常委职务。担任全国政协委员 20 余年间，她积极参政建言，提交提案 400 余件。1962 年，她将祖父王懿荣收藏保存的 500 余片甲骨文片无偿捐献给国家，收藏在天津市历史博物馆。

**吴鸿琨**（1924—1948） 古现街道山吴家村人，中国人民解放军某部团政治委员，革命烈士。吴鸿琨 1940 年加入福山县大队；1946 年加入人民解放军，屡立战功，后任四野五旅十三团团政委。1948 年 9 月，参加辽沈战役，在四平战役中牺牲。吴鸿琨遗像现保存在哈尔滨市烈士纪念馆，遗体葬于张家口市花园烈士公墓。生前立特等功 1 次，二等功 2 次。

**王德镇**（1927—1993） 古现街道东村人。王德镇 1944 年参加革命，1945 年加入中国共产党。在抗日战争中，加入中共福山县委领导的县大队，后转入胶东军区部队，解放战争中转入华东野战军部队，历任战士、班长、指导员。中华人民共和国成立后，在国家公安保卫部门中历任股长、科长、处长。王德镇在战争年代多次立功受奖，后因战负伤，转业到济南铁路局工作。其间，曾被选送到中央政法干校学习并留校工作。后调公安部十局工作，主要负责党和国家领导人的专列安全保卫工作。1970 年，王德镇调新疆维吾尔自治区警卫局工作。其间，多次参加外事活动和警卫工作，并受到嘉奖。1983 年，调到国家工商行政管理局，历任处长、司长等职。1988 年离休。

**王维淳**（1931—2017） 古现街道东村人。王维淳毕业于古现小学，1945 年 9 月，由兄长带至北京，入河北省立通县师范学校读书。1949 年，他秘密加入进步学生组织。同年 6 月，参加中国人民解放军第四野战军南下工作团；9 月，抵武汉任职于中共中南局办公厅秘书处。1950 年 11 月至 1952 年 6 月，王维淳参加武汉大学档案资料管理训练班和武汉大学预备班学习。一年后，考入该校工学院攻读木工建筑专业。1956 年 6 月，他被分配至长江流域规划办公室水文水利计算室，参加长江三峡水利枢纽规划要点阶段、规划阶段、初步设计阶段及部分施工方案阶段的水文水利计算工作。完成《径流年内分配不均匀系数 C2 值》论文，同时成功作出长江流域 C2 等值线图，作为长江流域大型水利枢纽水文水利计算的重要成果，被编入水利电力出版社 1959 年 9 月出版发行的《流域综合利用水文水利计算》一书。

从 1960 年起，王维淳专注“长江流域洪、枯水变化规律”课题研究。1961 年 9 月，他完成学术论文《长江流域洪、枯水变化规律》。1963 年 9 月，王维淳调到水利电力部黄河规划工作组工作，实施治理黄河补充规划，后参加岷江偏窗子、赣江万安等大型水利枢纽流域勘察、各设计阶段设计工作和水文方面学术研究。他在大、中型水利枢纽水文水利计算、径流调节、流域勘察和把握水文洪、枯水变化规律以及对河道演变、水流泥沙的认识、规划河道整治方案等方面积累了丰富经验。他所作计算数据常被同行视为标准结果。1971 年，他在武汉市江岸区防汛办公室工作，后调入武汉市防汛指挥部办公室。晚年，他在武汉市城市防洪勘测设计院工作，参与《武汉堤防志》编纂。

## 名人与古现

**戚继光磁山练兵** 明嘉靖二十五年（1546），戚继光世袭登州卫指挥佥事，负责管理登州卫屯田事务，当时山东沿海一带遭受倭寇烧杀抢掠，戚继光写下“封侯非我意，但愿海波平”的诗句，决心巩固登州海防，打击倭寇侵扰。据明万历《福山县志》记载，明嘉靖年间，戚继光在位于黄渤海岸的磁山修山寨、筑烽火墩、建炮台，使磁山成为拱卫登州、保卫沿海的前沿要塞。当时，他所修古长城今尚存 250 米遗址。

**彭雪枫与古现** 彭雪枫（1907—1944），河南省南阳市镇平县人，中国工农红军和新四军杰出指挥员、军事家。1925 年投身革命，参加过工农红军第三、四、五次反围剿和长征，抗日战争中先后任新四军第六支队司令员兼政委、八路军第四纵队司令员、新四军第四师师长兼政委。1944 年 9 月，在率部西征、围歼顽军战役中牺牲，时年 37 岁，被毛泽东、朱德誉为“中华民族英雄、共产党人好榜样”。

1928 年 9 月，彭雪枫受中共中央派遣，到烟台国民党地方军阀刘珍年部 21 师做兵运工作。彭雪枫启发炮兵营士兵关心国家民族安危，并利用一黄姓连长克扣士兵军饷，策动士兵成功哗变。1929 年 12 月，他奉派到福山县古现一带，以凤凰山小学校长身份为掩护，宣传马列主义，开展农民运动。彭雪枫到古现后，发动群众开展反军阀宣传。他编写《新军阀》儿歌，教学生们演唱："新军阀，瞎胡闹，贴标语，喊口号，救国救民做不到，伸着巴掌把钱要。"揭露军阀为竞选议员到处贴标语、做演讲、拉选票的丑恶嘴脸。彭雪枫还通过办农民夜校，组织贫苦农民学习文化，提高觉悟，进行反贪官污吏、反土豪劣绅、反卖国军阀的教育，培养了一批积极分子。

1929 年秋天，福山大旱，粮食歉收，老百姓苦不堪言。彭雪枫组织秘密农会，发动农民开展抗租斗争，12 月底，因身份暴露被迫离开古现。彭雪枫在古现播撒革命火种，为其后中共在福山发展党组织，开展革命斗争，创建红色根据地打下基础。

天马栈桥（2020 年）

# 大事纪略

古现历史悠久、地灵人杰，两千多年的漫长岁月留下诸多难以磨灭的时代印记，见证着古现不断前行、发展的脚步。

## 古牟平县治设古现

汉武帝元朔三年（前126）设牟平县，属青州东莱郡，县治设于古现，时称古嵫，后又称古县。《福山区志》载，境内“西汉为腄县、牟平县、育犁县地”。1991年版《牟平县志》载：“初汉，于今县设东牟县，为青州东莱郡隶……时，同郡另有牟平县。东牟县之名，当因其在牟平县东而来。”宋初《太平寰宇记》载，此汉牟平治所，在今蓬莱县东南九十里故城，其地属福山区境，一般认为即今古现村。汉代牟平县治之所以会设在古现村，是因春秋时期村东数里曾有牟子国都城。北齐天保七年（556），牟平县治从古现迁往蓬莱。古现为古牟平县治计682年。

## 清光绪二十一年（1895）王懿荣回乡办团练

清光绪二十年（1894），中日甲午战争爆发。日军由朝鲜半岛攻陷辽东半岛之后，又侵占山东半岛。时胶东守军力量薄弱，国子监祭酒王懿荣心急如焚，上书请求回籍兴办团练以御倭寇。此举深得光绪帝赞许，着令户部借支白银二万两，降旨王懿荣为登州团练大臣。光绪二十一年（1895）农历正月二十二日，王懿荣直赴登州（今蓬莱市），沿途查看莱州、黄县（今龙口市）等地海防。农历二月二十九日，王懿荣回到家乡古现，召开家族会议，号召王氏子弟拿起武器，兴办团练，抵御倭寇。次日，王氏子弟数百人在古现村组建一支团练队伍。他们在磁山脚下日夜操练，并在路口设卡，在磁山设寨，恢复烟台沿海一线至蓬莱烽火墩台，修复烟台沿海至八角的炮台。古现沿海和磁山黄龙旗飘扬，王懿荣视察王家军，并写信给妹夫张之洞请求支援，从海路运送枪支弹药加强武装。之后，他又去栖霞、莱阳等地组织团练。

## 古现一带的抗日斗争

1938 年 2 月，日军侵占福山县城，其后，在全境建立 27 座炮楼据点。同年，中共领导的山东人民抗日救国军第三军第一路军第二大队由于得水带领在蓬（莱）、福（山）、栖（霞）的边境古现一带发动群众，奋起抗敌。9 月，八路军山东人民抗日游击队第五支队 63 团成立东方工作团，由梁辑卿任团长，在古现开展抗日活动，古现四合、大王家等村相继成立抗日自卫队。1939 年 7 月，中共福山县委书记李善本在古现组建一支 40 多人的抗日武装。1940 年 5 月，中共领导的福山县抗日民主政府县长郝一军以古现组建的抗日武装为骨干成立福山县武装大队（简称县大队）。

1940 年，胶东以赵保原为首的国民党顽固派配合日伪军进攻中共领导的抗日根据地。福山县伪县长陈昱驻扎古现山王家村，勾结日伪军，杀害共产党人和抗日群众。为打击日伪顽固嚣张气焰，1941 年 6 月，中共领导的北海独立营和福山县大队围攻陈昱山王家村军事据点。于 7 月 8 日攻打陈昱伪政府驻地古现，击溃陈之保安团二营，歼敌 40 余人，营救 20 多名被捕干部群众，史称“古现大劫狱”。11 月，八路军五旅十三团一部在福山县县区地方武装配合下，攻克陈昱在磁山以东地区的军事堡垒山王家村，建立磁东抗日根据地，古现一带建立中共党组织和区村民主政权，成立古现磁山抗日中队，队员有 30 多人。

1942 年冬，日伪军对磁山根据地进行扫荡，古现民兵割电线，破公路，袭击日伪据点，配合八路军和地方武装开展反扫荡斗争。1944 年 9 月，抗日武装摧毁日伪凤凰山炮楼，击溃守军，古现解放。

## 三十里堡古城遗址被列为省级、市级文物保护单位

三十里堡古城遗址位于古现街道三十里堡村南300多米的山冈上，面积约35万平方米。据考古学家考证，为春秋时期东迁至该地的牟子国国都古城。二十世纪五六十年代，曾出土过陶器、铜剑和钱范等文物。古城周边有73座汉墓。

古现三十里堡古城遗址于1956年被山东省人民委员会列为省级文物保护单位。1977年被附属于汉墓群中，为省级文物保护单位，1986年被烟台市列为市级文物保护单位，1992年被公布为全省第二批文物保护单位。

## 2004年富士康落户古现

富士康是台湾鸿海集团在大陆的子公司，总部在广东深圳。2002年，开发区工委、管委会主要领导赴深圳拜访台湾鸿海集团董事长郭台铭，初步达成合作意向。2003年7月，郭台铭到烟台考察。其后，开发区有关领导8次赴深圳，经过11轮谈判，于2004年年初达成富士康在开发区设立（烟台）科技工业园的协议。园址定位于开发区古现街道境内烟台出口加工区B区。2个项目共征用古现街道河北村土地4平方千米，居民实行整体搬迁。

为加快富士康（烟台）科技工业园项目建成投产进度，开发区管委成立投资专案组。2004年春节期间，紧急改造电子标准厂房7500平方米，同时对电力、供水、宿舍、食堂、道路进行全方位改造新建。2004年，总投资30亿美元的富士康（烟台）科技工业园实现当年建设、当年投产。到2019年，园区总面积221万平方米，建成五大生产厂区，厂房44栋；三大生活配套区，宿舍58栋，职工6万人。

## 2017年古现街道设立传统文化传承节

农历三月初三是传统古现山会，民间称“赶山”。据史料记载，古现的“三月三山会”可追溯至元朝时期，距今已有近千年历史，是老福山三大山会之一。最初，“赶山会”带有祈福性质，后来人们利用山会形式进行物资交流，开展传统民间娱乐活动。时至今日，山会更是盛况空前，各类商品琳琅满目，秧歌及会演、戏剧表演异彩纷呈，成为群众参与民俗活动、体验民俗风情、进行商贸活动的重要节日。

为传承优秀传统文化，提高古现传统节日文化品位，2017年，古现街道党委和办事处决定把古现“三月三山会”升级为古现文化传承节。在继承传统山会习俗的同时，把书法、篆刻、木雕、剪纸等书香文化元素通过欢乐节日传承给新一代古现人，成为开发区富有地方特色的文化品牌。

2017—2019年，古现街道共举行三届古现文化传承节，主要活动内容有山会大集、秧歌表演、文艺会演、民俗文化、鲁菜美食展示、戏曲专场、通关文牒和文艺晚会等。每届文化节历时3天，每天均有万名群众参与活动。

# 2019 年 9 月古现街道获“国家卫生乡镇”称号

2017 年古现街道开展创建国家卫生乡镇工作，2018 年街道通过省级卫生乡镇评选，成为烟台市创建国家级卫生城市活动乡镇观摩点，被烟台市爱国卫生运动委员会办公室（简称爱卫办）授予“烟台市助力健康城市建设先进集体”称号。辖区 12 个村获评“省级卫生村队”称号，金桂小区获评“市级健康社区”，乐金显示公司获评“市级健康企业”，并作为区级代表接受烟台市慢性病防治示范区的检查考核。

在创建活动中，街道加大基础设备投入，大力开展城乡环境卫生整治，38 个村居社区 452 个垃圾箱全部加盖封闭、粉刷修理；在黄金河建立 1 处高标准健身公园，内设健康步道，为广大群众提供了健身娱乐场所；联合区爱卫办、疾控中心对重点区域、重点部位实时监理，建设毒饵站 620 个，建设防蝇设施 1000 个，发放除四害药物 1 吨；开展食品及公共场所卫生治理，对辖区 295 家食品生产销售经营单位和公共场所进行疾病预防控制；落实免疫规划工作，儿童国家级免疫规划疫苗全程接种率 95%，免疫接种安全注射率 100%。2019 年 9 月 12 日，古现街道参加国家卫生乡镇综合评审并通过，经过公示，古现街道获“国家卫生乡镇”称号。

古现街道获“国家卫生乡镇”称号

# 2019 年 9 月古现街道被评为“中国鲁菜名镇”

2019 年 8 月 4 日，由山东省餐饮与住宿行业协会、山东省鲁菜研究会、山东鲁菜发展研究中心联合组成专家考察组对古现街道申报“中国鲁菜名镇”项目进行考察评审。经过各位专家实地考察、审定，认为古现街道鲁菜文化底蕴深厚、烹饪历史悠久、地方特色鲜明，街道办事处对鲁菜传承发展和餐饮业高度重视和支持，对打造中国鲁菜名镇有明确的远景规划和实施方案，强化“中国鲁菜名镇”称号承载力；古现街道餐饮门店众多，厨师队伍人才雄厚，鲁菜挖掘、传承、创新蔚然成风，餐饮业脱贫、鲁菜致富为乡村振兴带来发展机遇。烟台经济技术开发区古现街道办事处符合《中国鲁菜名镇认定条件》，专家考察组同意授予“中国鲁菜名镇”称号。

2019 年 9 月，山东省餐饮与住宿行业协会、山东省鲁菜研究会、山东鲁菜发展研究中心授予古现街道“中国鲁菜名镇”称号。

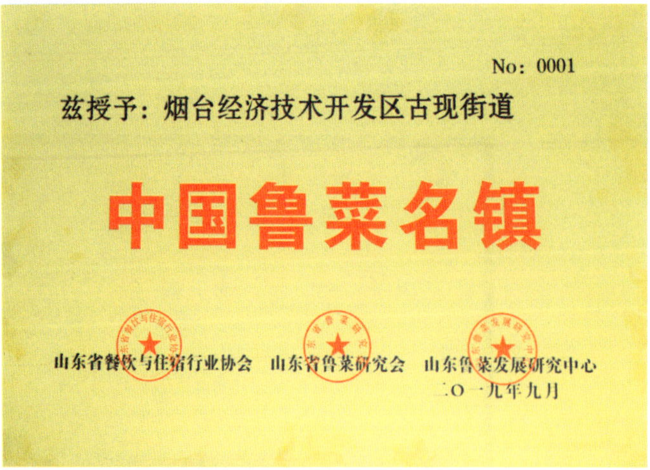

No：0001

兹授予：烟台经济技术开发区古现街道

中国鲁菜名镇

山东省餐饮与住宿行业协会 山东省鲁菜研究会 山东鲁菜发展研究中心

二〇一九年九月

2019 年 9 月，古现街道被评为“中国鲁菜名镇”

# “古现文旅小镇”建设由规划设计进入实施阶段

为深入挖掘和全面展示古现历史文化内涵，整合古现传统文化、红色文化和社会主义文化资源，打造烟台开发区文化旅游高地，发展文化产业，建设全国文化名镇。烟台开发区管委提出重点开发“一居（以王懿荣故居为主的王氏家族十大宅）、一山（磁山）、一址（牟子国古遗址）、一会（三月三山会）、一食（鲁菜原乡）”思路，2018年年初，古现街道确定规划建设“古现文旅小镇”。聘请专家对古现历史进行研究、挖掘，在充分研讨论证的基础上，形成《关于古现文旅小镇重建与复兴》项目建议报告。8月，烟台开发区工委、管委会召开由规划、土地、宣传、文旅等部门和古现街道办事处负责人参加的会议，听取专家项目策划论证建议报告，通过《古现文旅小镇策划方案》。经过充分考察论证，2018年年底，国内开发商华侨城·康佳公司投标取得古现文旅小镇及古现中心规划区开发权。之后，古现街道多次请专家和规划建设部门对开发商提出的设计方案进行讨论、审查、修改。区工委主要领导多次到古现考察调研、指导。截至2019年12月，“古现文旅小镇”建设由规划设计进入实施阶段。

天马栈桥（2020 年）

# 附录

# 牟子国的迁徙与发展（摘录）

周初直至春秋时期，齐国与鲁国之间有个牟子国。周灵王十四年至二十四年间（前558—前548），齐灵公击灭莱国之后，已经向东北迁至营丘边缘地带的牟子国再次东迁至黄海（当时称东海）之滨，定都现烟台市福山区三十里堡，被称为牟子国第二次东迁。

从内陆腹地来到山海之间的牟子国臣民，根据地理与气候环境迅速调整原有的生产方式，开盐田，兴农业，习捕捞，饲家禽，臣民衣食无忧。

迅速富足起来的牟子国就以现在的福山区为中心，不断向外拓展领土，在此开创了近400年的和平繁荣生活。带有东夷文化特色的牟国文化也在此形成并发展，影响及于后世。

## 第一节　牟子国的迁徙

### 一、牟子国历史溯源

司马迁在《史记·五帝本纪》中记述了五位开天辟地的上古华夏君主，其中帝颛顼乃黄帝之孙，是黄帝与正室夫人嫘祖次子昌意的儿子。

《史记·楚世家》记载，帝高阳有一后裔名陆终。而逄振镐先生在所著《山东古国与姓氏》中考据，陆终第五子曹则是牟人部落的祖先。即，牟人最初的先祖是曹姓。

作为五帝之一高阳氏的后裔、祝融一脉，曹姓牟人应该就是在平定“三叔之乱”被封于周公刚刚平定的东夷族地面，以氏为国名，因是子爵，被称牟子国。

受封之后，牟国后人弃曹姓而以封为姓。商务印书馆香港分馆于1931年发行的臧励龢所著历史地理巨著《中国古今地名大辞典》载："牟，周国名。子爵，故城在今山东省莱芜县东二十里。"

二、牟子国东迁至黄海的背景

范文澜先生如此讲述齐鲁起源的历史：武庚之乱中，东方有奄与蒲姑两个大国，助武庚叛周。周公亲自率军平叛时，灭了奄国，成王就以奄为封地，封周公长子伯禽为鲁侯，定都鲁城（今山东曲阜）；成王的外祖父吕尚亦带兵击灭蒲姑国，就地被封为齐侯，定都营丘（今山东昌乐）。

春秋时代，众多小诸侯国难以自保，不得不依附某个邻近大国。乱世之中，牟子国君主权衡之下，甘愿向疆域离自己更近、与周王室一脉血缘的鲁国俯首，成为其附属国，也从此进入鲁文化圈。

在动荡的大时代，齐国与鲁国要称雄东方，最大的对手就是彼此。为了各自利益，世世通婚的齐鲁两国开始走向相互攻伐之路、争斗连连。

齐鲁开战，弱小的牟子国想保持中立已不可能。在争斗中略胜一筹的齐国对牟国臣民动辄颐指气使，鲁国也对这个附属国时有所求。受些闲气、奉献点物资还在其次，关键是，齐鲁军车兵马出征，常要借道牟国，有时战场亦在牟子国境内，著名的齐鲁"长勺之战"与"艾陵之战"，皆在牟氏国土展开。

公元前567年，"十有二月，齐侯（齐灵公）灭莱"。

至此，齐国周边已基本归齐。牟子国此时已为鱼肉，只等刀俎相合的那一刻。

对于齐国吞并莱国后牟子国的存亡，史料所记甚少，零星见于字里行间，似乎暗示其当时亦被齐或楚所灭。但在胶东发现的一些蛛丝马迹，却使后世一些专家学者及考古或历史爱好者们对这一本身甚含糊的说法存疑。他们认为，齐灵公击灭莱国之后，不论牟国君臣是否情愿，命运决定权已完全转移至齐国手中。齐君出于战略考虑，先后逼迫牟国两次东迁。一次东迁至现在山东安丘一带，留下遗址牟乡城；短暂停留后，再次东迁至海边，都城在今山东烟台福山区三十里堡村。

南宋历史学家罗泌所著《路史》曰："齐忌牟（国）逼近临淄，乃迁于东海。"这短短十二个字，应该就是齐国灭莱之后牟子国面临的政治与军事窘况。已经称雄东方并有继续扩张之心的齐国，自然不愿让牟国臣民扼守要冲、安居其侧，横亘于齐鲁之间。而牟子国已失鲁国庇护，实力与齐国相距甚远，无力抗争，至此别无选择，只能离家去国，远走他乡，以避强齐。

在莱芜市文广新局任职的邓庆昌先生是牟子国历史研究的爱好者。他认为牟国曾有过两次东迁，并对牟子东迁时间做了较精确判断："从史料分析，二次东迁时间大约在公元前 558 年至公元前 548 年，东迁的目的地是今山东省烟台市的牟平区、福山区一带，这里原为莱子国的土地，莱人南迁后，这里便成了牟人的最终居住地。"

## 第二节　三十里堡牟国都城

烟台市福山城区西北约三十里处，有村名三十里堡。顾名思义，当初这里与福山旧县城之间有三十里的距离。这样性质的地名在我国多不胜数。

三十里堡向南三四百米，是一地势平缓的丘陵地带，几座汉朝古墓在坡顶矗立。向东南望，有一圈儿黄土夯成的残墙与汉墓近距离相对。当地人代代相传，这就是东迁后的牟子国都城。

### 一、福山县、区志记载的牟子国

现存最早的《福山县志》由其时的福山知县宋大奎修于明万历四十三年（1615 年）。这本志书在卷首《建置·沿革》目录中记："福山县在《禹贡》属青州，本祝融受封牟子国之地。"

短短一句，清晰明白。尤其明时牟子国旧城尚有人居住，对这段历史的陈述应有一定的权威性。但美中尚有不足，本书对牟子国在福山留存的时间未明确表达。

第二部《福山县志》由罗博总裁、鹿兆甲等编纂，成于清康熙十一年（1672 年）。这部县志不仅再次认定福山曾是牟子国地，且指出确切时间：福山"《禹贡》分野应属莱嵎地，春秋为牟子国地，战国属齐地，秦汉及隋唐或为东莱郡地或为东牟郡地"。

在《古迹》一节，康熙版县志还写道："牟城，在城西北三十里。春秋牟子所筑城址今在。"在《墓冢》节又述："牟子冢：在县西北三十里牟子城外。"

这段记述的真实性，至今亦可验证。现福山城区西北三十里堡牟子故城还在，城外高大的墓群犹存。

与罗博、鹿兆甲同参与编撰这部县志的还有甲骨文之父王懿荣的九世祖、曾在清廷任过大司农的王鹭。这些亦文亦官的知识分子在编撰自己故乡史志时，虽有款款深情，下笔却慎之又慎，力图传于后世而无愧。他们对牟子国年代的确定，应该是在认真、细致的考证基础之上。

清乾隆元年（1736 年），时任福山知县的何乐善再次主持编纂县志，是为第三部。

因为与康熙同属朝，乾隆版《福山县志》最大特点就是传承性明显。在许多方面，包括在福山沿革的叙述方面，乾隆版《福山县志》首先引用了康熙县志，认为福山县“春秋属牟子国地”，然后详加描述：“周为牟子国地，有城址。城外古冢累累，皆其旧陵也。”

乾隆版《福山县志》卷二《地里（理）》目录《古迹》一节中载：“今之知有古，无异后之知有今。前人胜概转瞬已成陈迹。然周秦之遗址未湮，侯国之故墟可考。”

这个侯国，应该是指牟子国。故墟显然应是牟国都城遗址。

在卷二《地里（理）》目录《墓冢》一节，这本县志再次引用前志：“牟子冢：在县西北三十里牟子城外。”

辛亥革命后，曾在清朝为官的福山湘河村人于宗潼晚年牵头总纂了第四部《福山县志》，于民国 20 年（1931 年）成书，定名为《福山县志稿》。

明、清三本福山县志，对春秋时福山属牟子国地的记载都相当简要，寥寥数语。民国于宗潼总纂的《福山县志稿》对春秋时期福山地属牟子国这段历史的述说却较详尽。曰：“周为青州牟子国地。按《山东考古录》，春秋以牟名国与地者三，皆不在登州境内。《路史》：齐忌牟逼近临淄，乃迁牟于东海。牟子国在今福山县牟城社，惟牟国原在今之莱芜县，何时东迁诸书无号。春秋襄公六年（公元前 567 年）齐侯灭莱，（莱）共公奔棠。则迁牟当在灭莱后矣”。

这段记述包含的有关牟子国的信息量较前三本县志要大，首次在县志中断定了牟子国迁至福山的时间。其中，提到的《山东考古录》是明末清初大思想家、经学家、史地专家顾炎武的著作。

中华人民共和国成立后，新编《福山区志》第二章这样记述当地的建置沿革：“新石器时代，境内就已有人类居住。商、西周时期为莱国地。春秋时期为牟子国迁徙地。战国时为齐康公食邑。”

## 二、牟平、蓬莱及其他方志记载的牟子国

蓬莱也是一历史悠久的文化名城，曾是登州府衙所在地。蓬莱修治地方志比福山晚，第一部县志撰于清康熙十二年（1673年）。内中写道："登州蓬莱县禹贡青州之域、古嵎彝地。夏斟鄩氏国于此，春秋时为牟、莱两国地。后并于齐。秦为齐郡。"

以上述说为春秋时牟子国的确东迁至黄海又提供了一段史料。

1995年《蓬莱县志》中如此记述当地的行政区划历史："县境内5000年前即有人类聚居，春秋时期属莱子国地，战国时并于齐，秦属齐郴黄县、牟平两县地，晋属东莱国黄县地。"

《蓬莱县志》中的牟平县，与现今的山东省烟台市牟平区是同地吗？

对这个问题，民国25年（1936年）《牟平县志》有清晰回答："考今之牟平，即汉之东牟，与汉县牟平在今福山境内者，名同实异。春秋时齐迁牟子国，系迁于汉牟平县，非今县地。"

据民国《牟平县志》记述，现在的牟平汉朝时名东牟，汉朝的牟平县在今福山境内。该书随后说：唐朝之后的牟平，才是现今的牟平县（即烟台市牟平区）。元朝兵部侍郎于钦所著地方志《齐乘》中记曰："牟平古牟子国祝融后。"清朝新编《山东通志》及《登州府志》据此将春秋东迁后的牟子国归于宁海州。《牟平县志》特此认真更正：《齐乘》中的牟平，即春秋牟子国所在之牟平，是现福山地，而非今牟平地也。

1991年《牟平县志》在第一章"建置"的"沿革"一节中也述说如下："汉初（前206年），于今县境设东牟县，为青州东莱郡隶。时同郡另有牟平县。东牟县之名，当因其在牟平县东而来。宋初《太平寰宇记》谓此汉牟平治所，在今蓬莱县'东南九十里故城'。其地属今福山区境，一般认为即今该区古现村。此牟平县与当时的东牟县仅系邻县，与今牟平县境并无关系。"

清乾隆版《福山县志》在卷二《地里（理）·保社》一节中，还将古现社写为古县社。在卷二《地里（理）·镇集》一节中，将古现集写为古县集，并注道："在县西北三十五里，逢三、八日集，坐古县社界。"

因为古时牟平县治在古现村，所以民国时这一带得名牟城社，区域内十八个村庄，村名前都被冠以牟城二字，分别叫作牟城林家、牟城陈家、牟城马家、牟城梁家、牟城孙家、牟城徐家、牟城潘家，等等。

## 第三节　牟国渔盐经济文化

牟国最初的封地今莱芜市是古代东夷人聚居地，河流湖泽丰富，向有渔猎传统。牟国东迁之后，都城与国土濒临黄海。优越的地理位置为百姓从事渔盐生产提供了便利条件，牟国的渔盐经济文化也在这一基础上得到全方位的快速发展。

### 一、牟子国的渔盐经济

……

### 二、牟子国渔盐活动遗存

渔猎差不多是陪伴着人类的产生而开始的，最初水平不高，只靠大海的恩赐过活，或以海边及浅水处介壳类生物为主食。如离牟子国都城约五十里的福山邱家庄贝丘文化遗址中，贝壳堆积层达六米。

离后来的牟子国都城仅二十余里的烟台白石村贝丘文化遗址，则更多出现了鱼类骨骼，向世人显示牟子国东迁之前 6500 年，胶东先民就已开始了海洋捕捞。

与蓬莱一水之隔的长岛县春秋时据说也在牟子国境内。20 世纪 80 年代，这里先后发掘了数处文化遗址，如店子遗址、北庄遗址、西大山遗址等。这些遗址大多自龙山文化延续至战国，部分涵盖了牟子国在胶东的活动时期。

清康熙十一年《福山县志》提到八家海口，即八角海口："明天启年间海运由此发钉（启航之意）。往来者俱以停泊为便，遂为四方贸易所。"

事实上八角港同样也是优良渔港。民国 20 年（1931）《福山县志》曰："浮栏海口在县西北四十里，八角口东，今废。按：渔船至今尚泊。"

福山区作协主席吕老数十年从事地方文化建设与研究工作，稔熟福山地形，据他推断，这个久已废弃的浮栏海口，应该就是牟子国都城所在地现在福山三十里堡与皂户头村后的那个小海湾。它正在县西北四十里，八角口东，有停泊渔船的历史。

再说盐业。据考证，胶东半岛早期制海盐，大多并非直接从海水中提取，而是煮制海边盐碱土或抽取地下卤水，与内陆地区的制盐工艺一脉相承。这为曾在内陆从事过制盐业的牟子国民众提供了很便利的生产条件，或者在将内陆制盐技术搬至沿海并加以改进使用的过程中，东迁的莱国及牟子国民众起到重要作用。齐国当时的制盐生产点被称为盐灶，从事盐业生产的人们被称为灶户。管理这些灶户的人，被称为灶户头。现在胶东半岛仍有以“灶”为名的村庄。紧邻三十里堡牟子国故城的一个村庄，名字就叫“灶户头”（现改为皂户头），东南不足三十里有村名盐场。

## 第四节　牟国从鲁文化到齐文化演变

### 一、牟子国渔盐经济对齐国影响

齐国虽最终难逃覆灭命运，却是六国中支撑最久的国家，也是秦国灭掉的最后一国。由此可见即使在百邦凋零的战国后期，齐国仍有强大的国力支持。

可以断定在战国中后期的齐国渔盐经济中，东迁之后的牟子国民众作出重大奉献。他们栉风沐雨、艰辛劳作，用自己的智慧、勤劳与坚韧，既维持了部族生存，又支撑了齐国的渔盐经济，在齐国对外扩张与国内经济发展中起到相当大作用。

### 二、福山三十里堡牟城文化遗存

福山城区西北约五十里，有一座秀丽奇幻的山峰磁山，又名牟山。它位于烟台市西北约 19 公里处，黄海八角海湾以南，海拔高度 528.9 米。

笔者也曾两次探访牟国旧城。王城周围，错落分布着大大小小的村庄如林家、孙家、徐家、潘家、陈家、马家、邱家、于家，等等。这些村庄离王城最远不过十里左右，最近只有二三里。它们似一座座堡垒，手拉着手连成一条蜿蜒曲折的东、西、南三面弧线，护卫着古老的王城；又似一个个鸡犬之声相闻的小家族，不远不近地依偎在中心家族周围。其中，有十八座村庄有一个共同点，村名前都冠以“牟城”二字。

已故文史专家、原烟台市博物馆书记兼馆长王焕理先生在 2004 年曾撰文对当时的这座残存古城作如下描述：“从故城北门进入城内直达南门，再登上保存基本完好的南城墙，整个城池尽收眼底，只见四周城垣犹存，气势雄伟，东、南、北门痕迹清晰。细观城内，可看出昔日布局，南北有条中央大道，西南系宫殿区，西北有监狱遗址，东北为商业区，有冶炼作坊遗址，东南角设炮台。经测量，牟子国国都故城呈不规则四方形，东西宽 550 米，南北长 523 米，城墙为夯土构筑，现存城墙根部宽 20 米，顶部宽 16 米，高度 6~8 米不等。故城遗址，虽未进行过考古发掘，20 世纪 60 年代农民整地时，已有钱范、刀币、铁犁、石磨、瓦当、陶器和冶炼残渣等出土，足以证实，当年牟子国国都，人烟稠密、手工业发达、商业繁荣。历经二千多年的牟子国国都故城遗址，能完整地保存下来，在胶东半岛绝无仅有。”

1979 年，福山三十里堡牟子国故城被列为县级文物保护单位，1986 年为市级文物保护单位，1992 年成为省级文物保护单位。

## 第五节　牟国文化风俗

### 一、从牛图腾到鱼鸟图腾

牟人最初居于多产野牛的雷泽地区，以牛形牛声的牟字作为姓氏，应是把牛看作部族的图腾吧。后来由游猎转为农耕，牛仍然是农家求之不得的实用大牲畜。这个图腾也作为农耕文明的标志而一直延续了下来。

东迁至黄海之滨的牟国人也未脱离农业，但来自海洋的劲风毕竟很大程度上改变了原有的风俗习惯。他们日常喜爱的文化标记也愈加充实丰富，农耕之外又带有海洋的色彩。陶器上常饰鱼纹、鸟纹，器物绘有鱼或鸟的各种形象，有的甚至直接做成鱼形。每年农历七月初七的巧果模具中，长尾巴金鱼或胖鲤鱼形象比比皆是。建房时，瓦当上常绘鱼尾，照壁上面两角常雕或绘鲤鱼，门簪、门墩等部位常雕刻各种鱼形。窗花里有鱼、新春门贴儿上有鱼、面食有鱼、菜桌上有鱼，甚至情人间互赠的自制鞋垫里，也有着各种鱼，新春年画上大胖小子抱上一条大鱼方显出富裕之意。直到现在，各种鱼的装饰遍及生活或商业各处，人们取其“富贵有余（鱼）”之意。

20 世纪 70 年代，福山三十里堡牟子国故城外大墓附近曾出土一个梳妆盒，盒子直接做成鱼形，正像条侧卧的肥胖的鱼，鱼头、鱼身、鱼尾各自有型、清晰逼真。这件文物曾藏于烟台市博物馆。

作为一个曾将牛作为图腾的农耕种族，东迁后却大量使用鱼鸟的文化象征形象，这说明了一种文化的融合与飘移。它反映了当年牟子国民众既坚持固有的农耕习俗，又依地域特点吸收海洋文化的元素，创造了一种多元文化。

### 二、从麦作文化到海洋文化

牟子国初时居于海岱之间的内陆腹地，是典型的农耕国家。那里是我国最早种植大麦的地区之一。我们可以形象地将那种独特的农耕文化称为麦作文化。

当年被迫辗转上千里奔向海边的牟子国先民们，一路备尝艰险、餐风饮露。那时的胶东尚属东夷边地，是欠发达地区。牟人东迁至此虽是无奈，却并未自怨自艾、一蹶不振。他们或耕或渔、亦农亦商，既继承发扬了原有的农耕文明，又创造并吸收了海洋文化的特点，在胶东的山海之间扎根繁衍、开启山林，创造了一段历史，传承了一种文化。

如今，福山三十里堡村南那座牟子国都城遗址犹存，但繁华不再，旧城墙也失了初时的巍峨之貌，上面荆棘丛生、野草覆盖，远看似一段颓败的堤坝。

冬日阳光下，传说中的王城默默伫立，与古老的汉墓群对望。断垣上的草枯了，在凛冽风中颤颤地摇曳。这到底是不是牟子国王城残留？它的周遭及地下埋藏着怎样的秘密与离奇往事？

残墙无言，包蕴着多少我们至今尚未探及的历史沉迹。

（作者张霞，载于《烟台区域文化通览·福山卷》，人民出版社）

# 古现文旅小镇重建与复兴

## ——关于古现文旅项目的建议报告（节选）

### 一、古现文旅小镇的历史变迁

古现的历史最早可追溯到2700年前，商周时期，古现一带属莱国；春秋时为牟子国迁徙地。

《史记》载，公元前219年至前215年，秦始皇曾三次东巡，均途径古现一带，其后，汉武帝为求长生不老之药，也屡屡造访此地。

西汉元朔三年（公元前126年）至北齐天保七年（556年），古牟平县治所设此，在长达近700年作为县治的时间里，古现经济、文化日渐繁荣，最终发展成为胶东重镇。

明洪武年间（1368—1398），登宁盐课司大使王忠卜居河北村，渐成望族；及八世王道增移居现址，声望日隆，科第绵绵。明清两季王氏家族先后考中27名进士、36 名举人、515 名秀才。

王氏家族的兴盛使古现更趋繁荣，古现成为远近闻名的官宦之地。清朝末年，王氏家族家道中衰，民国时期更因兵火战乱，人去室空，房屋多倾圮颓败，或易手他人。中华人民共和国成立后，经多次拆迁改建，面目全非，仅存王懿荣故居、燕山堂数处残迹。

**二、古现文旅小镇的文化蕴涵**

古现历史悠久，文化蕴涵丰厚。

1. **古牟文化**。史料记载，春秋时，古现一带属牟子国，汉时牟平县治设此。最新的考证则明确了县衙及古祭台位置即在今古现东村范围内。重建古现文旅小镇，恢复汉代县衙和祭台，一方面可正本清源，确认古现的历史定位；另一方面，又可穿越时空，回望牟国那段历史烟云。

2. **科举文化**。明代，云南王氏迁于古现，渐成望族，明清两代有进士 27 人、举人 36 人、生员 515 人，就其数量而言，当属江北第一科举世家。

王氏家族儒业兴盛，著述浩繁。巾帼女杰王照圆长于训诂，著作等身；金石学家王懿荣诗书俱佳，无美不备，其对甲骨文的贡献名垂青史。王氏是仁厚忠勇之家。族中为官者尽职守则，至少有 12 人卒于任上；王氏家族更是清廉之家。为官者 500 余人，无一人因贪腐治罪。

3. **学塾文化**。清光绪二十六年（1900），古现兴办凤凰山小学，校址位于古现北大街，由旧时火神庙改建而成。1922 年实行小学 6 年学制。1944 年中共领导的福山县抗日民主政府在古现建立，凤凰山小学改为古现区中心完小，全称“古现完全小学”，改建后的校舍面积 3200 平方米，平房 57 间，建筑面积 1098 平方米。凤凰山小学自建立至今已有 118 年的历史，依然完好，是难得的历史遗迹。一百多年间，凤凰山小学培养了一代又一代的古现学子，具有很强的历史认同感。除去现有校舍保留着民国时期的风格之外，民间尚存有不同时期教师、学生的毕业照、纪念照、课本、教具等。

4. **红色文化**。1929 年 6 月，中共中央派彭雪枫到烟台刘珍年部二十一师做兵运工作。10 月，彭雪枫在《国闻周报》副刊发表《烟台纪行》。12 月，奉派到福山做农运工作，以凤凰山小学校长身份为掩护宣传马列主义，开展农民运动。

彭雪枫在古现与当地农民结下了深厚友谊，播撒了革命火种，揭开了福山农民运动的新篇章，为此后中共在福山发展党组织，开展革命斗争，创建红色根据地打下了基础。

5. *公社文化*。1958 年到 1984 年，古现人民公社驻古现东村，历时 26 年，其间经历“大跃进”、“文化大革命”、家庭联产承包责任制等重要历史阶段，当年的公社大院、供销社、邮局等尚保存完好，这些遗迹见证着中华人民共和国成立后农村发展走过的曲折道路，载承着年长者不老的记忆，也是对后生代进行国情教育的生动教材。

6. *鲁菜文化*。古现是鲁菜的发祥地，也正是这块烹饪热土孕育了一代又一代名厨高手，早在明清时期，古现名厨就被宣旨进宫为帝王烹制菜肴，其后，“古现帮”声名鹊起。中华人民共和国成立后，“古现帮”的领头人王义均在老一代厨师的带动指导下，跻身祖国烹饪界名厨高手行列，先后出任北京丰泽园饭店技术总监、丰泽园饭店高级技术顾问，被贸易部授予“中国烹饪大师”称号。受其影响，“古现帮”日见壮大，古现一带大量人口从事烹饪业，涌现出一批代代相传的烹饪世家和名师高手。

7. *民俗文化*。胶东民俗文化具有鲜明的地域特点，青砖黑瓦的四合院，睡大炕、吃海鲜、扭秧歌、听鼓书、逛庙会，体验胶东民间生活，别具情趣，对外地游客更有吸引力，是古现文旅小镇文旅产业中的一大亮点。

这些都是古现文旅小镇特有的文化品牌，具有独特的魅力和竞争力。

### 三、古现文旅小镇重建的价值

古现文旅小镇如能华丽转身，源自开发区决策者政治站位高，思想观念新，是在新旧动能转换的大背景下，实施乡村振兴战略的一次实践和突破，可找到四条发展路子。

1. *城市更新之路*。古现坐拥传统古村落资源，通过“精准更新”成为发展全域旅游的文旅小镇综合体，作为“古镇新生”再出发的新模式，找到了城市更新的一种解决方案。

2. *乡村振兴之路*。古现通过转型升级，开发利用，将村落变景区，形成产业，增加就业，实现永续发展，是当下新旧动能转换的示范，也将打造实施乡村振兴战略的“齐鲁样板”。

3. *遗产保护之路*。重建古现文旅小镇，将物质文化景观与非物质文化空间有机融合，实现对王氏故居等文物古迹的有效保护和开发利用，是一种全新的文化遗产保护模式，为古城、古镇、古村落保护和传承开创了可借鉴的道路。

4. *产城融合之路*。古现文旅小镇是开发区文化“新地标”，与磁山温泉小镇、张裕酒庄小镇一道构成开发区的“小客厅”“新风景”和“新名片”，优化了人居软环境，助推了文旅新产业，赋予了开发区新内涵，扩大了对外开放的吸引力，是烟台经济技术开发区由“区”变“城”的新突破。

**四、古现文旅小镇重建的理念**

1. 复古。保护遗迹，恢复原貌。对现有的遗迹进行严格保护。对燕山堂、王懿荣故居、凤凰山小学、公社大院、供销社等原封不动保留，同时保存好道路肌理，以此作为基本的布局框架。对损坏、残存的文物古迹，譬如王氏家族的十大宅、汉代牟平县治、古祭台等修缮加固、修旧如旧、建新如旧。在文化挖掘上，追踪原真性，寻找原物彰显原貌。力求达到四个一致：整体面貌和历史氛围一致；具体建筑与历史影像一致；空间尺度与文献记载、老人记忆一致；材料、工艺与当年的建筑一致。

2. 整合。整合资源，形成矩阵。一方面将汉代牟平县治、明清王氏世家、民国凤凰山小学、七八十年代的古现公社纵向串联在一起，形成前后承续的文化链条；另一方面将历史文化、民俗文化、鲁菜文化叠加融合，打造游、学、吃、住横向关联的多种业态，赋予古现文旅小镇之旅以思古怀旧之旅、感悟传统文化之旅、爱国主义与革命传统教育之旅、民俗风情体验之旅、山水美食休闲之旅多重内涵。

3. 创新。承古传今，推陈出新。一是理念创新。把历史建筑、复古小镇与现代人的功能需求结合起来，对小镇内的供排水系统、强弱电、供暖降温系统、网络及监控系统，按照现代城镇功能需求全面配置；二是标准创新。高度重视建设施工中的每个环节，强化工艺标准，打造“可用放大镜找毛病”的完美工程；三是设计创新。在整体复古的基调下，对部分建筑创新升华，打造亮点。同时融入数字小镇、节能小镇、生态小镇、智慧小镇等现代理念和时尚元素。使重建的古现文旅小镇既源于历史、忠于历史，又超越历史；既复活已颓败的建筑，又激活千年小镇的内涵与灵魂，让有古韵魅力的传统文化与现代文明生活相通相融，唱响“古”和“现”的交响曲。

**五、古现文旅小镇重建的定位**

1. 以历史遗存为依托。历史遗迹是古现文旅小镇基本骨架，是恢复重建的重要参照，是文化复活的物质基础。重建和复兴古现文旅小镇必须以此为基点，得其形，求其神，绝不能搞“推倒重建”，不能“建假古董，毁真古董”。王氏家族故居“十大宅”是古现文旅小镇重建的重点，是古现文旅小镇的主体建筑，但同时也是重建的难点所在。因为损毁严重，多数建筑不复存在，加之年代久远，没有图纸或相关资料参考，仅凭记忆很难完整准确地还原其貌，特别是一些建筑细节。尽管如此，还是必须探幽发微，精雕细刻，全力打造好这一古建集群，因为王氏家族包括王懿荣在内，所有的“故事”都必须借助这个“舞台”上演。

2. 以文化重建为核心。历史文化是古现文旅小镇的灵魂，古现文旅小镇的重建不仅是景观的重建，更是文化的重建。游览古现文旅小镇，其实就是穿越历史时空，回溯中国历史，回望中国发展之路，从传统文化中汲取智慧和营养。重建和复兴古现文旅小镇，必须深刻挖掘和全面展示小镇的历史文化内涵，讲好古现故事，目标是打造全国文化古镇、文化名镇，建立烟台开发区的文化地标。

3. 以王懿荣为亮点。王氏家族是古现文旅小镇的基本版块，王懿荣则是这一版块中最大的亮点，是古现文旅小镇的灵魂人物和“形象大使”，还原王懿荣人物形象，必须注重细节的真实与生动，必须突出其历史贡献和民族气节，最关键的是必须把王懿荣个人的命运同中华文化、中华民族命运紧紧关联在一起，唯其如此，方能凸显出王懿荣的历史地位。

4. 以体验参与为卖点。在了解历史文化，感悟世事变迁的同时，更要满足游客吃、住、购、娱等方面的需求，增加参与性、体验性强的项目，尤其是突出抓好民宿、餐饮、土特产展销以及娱乐、休闲等设施建设，使之住得舒服、吃得满意、玩得开心，有收获感、满足感。

## 六、古现文旅小镇重建的步骤

重建和复兴古现文旅小镇首先必须组建一支具有使命感、有眼界、有激情、敢担当、能吃苦、会作为的重建团队，包括策划团队、顾问团队、设计团队、施工团队、监理团队、管理运营团队、保障团队等，具体工作按相应顺序渐次展开，重要节点作以下建议：

（一）历史旧貌的考证复原。一是对村内现有古建筑进行分类调查，摸清建筑风格、建筑样式和历史积淀，确定其拆留；二是走访老人，做好口述，同时尽可能地搜集到图片或影像资料，借助记忆和影像还原古建筑特别是十大宅的准确位置、建筑样式、布局陈设，绘制出原貌图和平面图；三是广泛搜集历史文献资料，从居住习惯、尊卑习俗进行印证。在此基础上，邀请古建专家在原真、规制、地理“风水”、审美等方面寻找平衡，以求得到一致认可。

（二）规划与设计。根据古现东村交通格局，旅游资源分布特征，产业及旅游发展定位，建议规划为“一核两轴四片区”的空间结构布局。

一核

王氏故居文化旅游集聚核。以东西向的北大街和南北向的邮局街四岔路口为整片历史街区核心。通过对古现老街文化旅游资源的提炼和升华，复原新建王氏家族“十大宅”、古牟平县治所、恢复新建古牌坊、祭祀台、南楼等建筑物。功能定位为古牟文化、传统文化、民俗风情体验核心区。

**两轴**

历史文化街区生活情景体验轴（北大街）。恢复打造清中末期为背景的商贸风情街（旅游购物体验一条街），引入活态民俗，振兴老字号，重塑清末商业遗风，恢复胶东地域特色的小作坊。以“燕山堂”为中心，往东西双向延展，布局德泰糕点铺、洪昌杂货铺、刘同川豆腐坊、宝贵火烧铺等。

胶东风情体验轴（公社街）。公社街也是整个景区各业态服务功能的分布轴，从西至东通过“胶东人家”民宿区，“公社大院”“供销社”“老邮局”“卫生院”等节点串联，打造以二十世纪七八十年代为背景的胶东民俗风情体验轴。

**四大功能区**

东片区。王氏故居院落集聚区（十大宅）以王懿荣故居为中心，连片恢复新建王氏十大宅，荟萃清中末期胶东半岛最经典，最具代表性的传统民居，集中展示宗祠文化、科举文化、清廉文化、民居文化，将王氏世家的文化内涵完美鲜活地呈现于世。

南片区。游憩度假服务配套区（民宿区）邮局街南段东侧片区集中打造富有胶东地域特色的院落式精品民宿区，公社街两侧以五大门为中心恢复二十世纪七八十年代公社驻地风貌，让游客体验胶东小镇的民俗风情。

西片区。旅游商业服务和管理服务配套区（烟台鲁菜美食街、游客集散中心）新建或改建“中国鲁菜博物馆”，同时利用存量民居打造院落式“鲁菜美食街”，既是景区服务配套，又是景区产业支撑，古现作为鲁菜之乡，结合王懿荣“精味就俭”的原则，研发“王家士族”菜系，开发“懿荣家宴”品牌，打造“舌尖上的古现”，打响“古现八大碗”，强化鲁菜文化的 IP 价值。

北片区。历史文化展示体验区（古现小学）以凤凰山小学旧址为载体，以彭雪枫到此开展革命工作为内容，打造红色党建教育基地。

**（三）房屋拆迁与物料收集**。利用古现片区拆迁改造的有利时机，尽快拆除重建及恢复区以外不予保留的民居，并充分预留古现文旅小镇后续拓展空间；剔除重建及恢复区内建筑及依附于古建筑的新建部分，恢复其原真状态；分类搞好古建材料的收集整理，包括基本的建筑材料砖、瓦、石、门、窗、梁、杈及装饰性的石雕、木雕、砖雕等，为恢复重建做好物料准备。

（四）**景观施工与监督**。王氏故居“十大宅”虽然带有“京味”，但总体上是地道的胶东民居，所以工程招标建议面向胶东地区邀标、招标，定向考察作品与资质，遴选出最地道的古建公司，竞标试建，试建工程评定通过后再全面启动重建工程。建设方面应尽量采用原有材料、原有工艺、原籍工匠，石雕、砖雕、木雕、彩绘，都要严把标准，讲究细节。特有建筑或特别细节可请外地专业工匠营建，保证重建的小镇成为历史遗产。

建设过程中，对所有古建队伍的施工环节都进行严格的现场监督，按照世界遗产和文物要求提升标准，确保每一栋建筑都成为精品。

古现人民公社旧址的修复，应遵循拆新还旧的原则，同时为保持各建筑板块的完整性和一致性，可采取原版移位的方法，将位于北大街的供销社、邮局迁至公社街“五大门”附近，形成完整的“人民公社单元”。

地下管网及地上配套工程、美化、亮化工程建设应按照超前、相适的原则，与整个小镇的恢复重建通盘规划，同步实施。

（五）**文化空间建设**。古现历史悠久，文化底蕴深厚，层次丰富，打造文化旅游高地，发展文化产业，重点应围绕传承和弘扬历史文化、民俗文化、鲁菜文化三条主线，集中建设一批专题性展馆，引进培植一批活态的演艺项目，营造浓厚的文化氛围。

**展馆建设**

按照专题性、延伸性、研究性、国家级四个定位，以王氏故居“十大宅”为主要载体，联片改造、新建十四个展馆，形成特色鲜明、内涵丰富、品质一流的博物馆集群和历史文化集中展示体验区域。

1. 王氏宗祠（燕山堂）
2. 王懿荣生平事迹展览馆（王懿荣故居）
3. 中国文字博物馆
4. 中国甲骨文研究院（殷商文化研究会甲骨文书法研究会）
5. 中国科举文化展览馆
6. 烟台清官廉吏展览馆（烟台市廉政教育基地）
7. 有棣书院（烟台开发区国学教育基地有棣堂内）
8. 天壤阁藏书楼（王氏古籍展览馆）
9. 古现书画展览馆

10. 中国鲁菜博物馆（烟台鲁菜传习中心鲁菜研究会新建）

11. 人民公社展览馆（古现公社旧址）

12. 凤凰山小学校史馆

13. 彭雪枫将军纪念馆（烟台市革命传统教育基地）

14. 牟子国历史文化陈列馆（牟平县治院内）

展演项目

1. 节庆活动演出。主要是配合三月三凤凰山山会、古现鲁菜大赛、鲁菜文化研讨会、王懿荣发现甲骨文周年纪念大会、全国甲骨文书法展等组织演出活动。

2. 常态演艺类项目。主要包括烟台非遗表演项目，如胶东大秧歌、吕剧、福山大鼓、八仙传说（表演）、海岛渔号、胶东全真道教音乐、八卦鼓舞、螳螂拳、福山抬阁、福山雷鼓；手工技艺、手工产品，如草花编、扎花灯、剪纸、福山花饽饽、福山大面、福山糕点等。

3. 电影、电视、多媒体项目。

### 七、古现文旅小镇的管理运营

（一）管理体制。古现文旅小镇建议政企分开，市场化运作的管理运营理念。建议成立古现文旅小镇保护开发管理团队，代表开发区管委会履行职能，统筹协调解决建设及运营中遇到的困难和问题。同时引入国内知名专业团队，成立古现文旅小镇旅游发展股份有限公司，从事古现文旅小镇的经营管理、旅游接待、旅游资源开发及营销等业务。

（二）市场营销。古现文旅小镇的市场营销工作宜及早谋划，提前造势。坚持“高点定位、媒体先行、区域设定、线上为主、团体优先”的原则，把古现文旅小镇打造成为游学基地、培训与会务接待基地、学习教育基地、休闲体验基地。

（三）业态管理。要高度重视业态布局和业态品质，做到相融相生，互惠共赢。要设定准入门槛和退出机制，规范运营，监管到位。

（四）游客服务。要把建设一流服务团队，打造服务品牌作为经营管理的重中之重，引入管理机制，制定服务规范，加强从业人员培训，主动接受社会监督，不断提高服务品牌的知名度、信誉度和游客的满意度。

### 八、古现文旅小镇重建的优势和机遇

（一）区位优势。古现文旅小镇位于胶东半岛最东端，靠山临海，气候宜人，物产丰饶，是秦皇汉武祈福之所，也是游客向往之地。伴随着烟台经济技术开发区三十多年

的带动发展，人居环境显著改善，已成为中国最适宜人类居住的区域之一。古现交通便利，紧邻蓬莱机场、烟台港、德龙烟高铁、荣乌高速公路和206国道，游客出行十分便捷。

（二）资源优势。

1. 古现地灵人杰，文化深厚，古牟遗址、王氏世家、王懿荣、鲁菜发源地等人文资源都具有唯一性，不可复制，竞争力强。同时由于王懿荣、甲骨文、鲁菜具有较强的社会认知度，通过宣传造势，易于在海内外产生品牌效应。

2. 与磁山温泉小镇、张裕酒庄小镇、滨海观光带紧密相连，可以共享资源，形成联体发展格局。

3. 当地游客资源十分丰富，古现文旅小镇可与蓬莱、烟台、威海等沿海城市共享游客资源。

（三）政策优势。国家对传统文化非常重视，2017年6月中共中央办公厅、国务院办公厅印发了《关于实施中华优秀传统文化传承发展工程的意见》，指出要“加强历史文化名城名镇名村、历史文化街区、名人故居保护和城市特色风貌管理，实施中国传统村落保护工程，做好传统民居、历史建筑、革命文化纪念地、农业遗产、工业遗产保护工作。”

中共十九大提出了乡村振兴战略，2018年中央一号文件以及国务院《乡村振兴战略规划（2018—2022年）》对乡村文化振兴、产业振兴都提出了明确要求。

围绕贯彻落实党中央、国务院上述文件精神，中央和地方分别出台了一系列扶持政策，这些政策对古现文旅小镇建设十分有利。

（作者 北国风）

# 主要参考文献

王献唐著:《山东古国考》，齐鲁书社，1983 年。

山东省烟台市福山区史志编纂委员会编:《福山区志》，齐鲁书社，1990 年。

福山区地名委员会办公室编:《福山区地名志》，山东省地图出版社，2003 年。

于庆山主编:《鲁菜之乡——福山》，长城出版社，2004 年。

吕伟达、张绪麟著:《牟国磁山》，中国文联出版社，2006 年。

钟庆利、吕伟达编著:《福山明清七十五进士传》，长城出版社，2006 年。

吕伟达编著:《福山明清举人传》，黄海数字出版社，2011 年。

吕伟达著:《王懿荣与王氏家族》，黄海数字出版社，2015 年。

田明宝总主编:《烟台区域文化通览》，人民出版社，2016 年。

烟台经济技术开发区地方志编纂委员会编:《烟台经济技术开发区志》，方志出版社，2016 年。

吕伟达著:《王懿荣与张之洞》，黄海数字出版社，2016 年。

山东省烟台经济技术开发区古现街道古现东村志编纂委员会编:《中国名村志丛书·古现东村志》，方志出版社，2017 年。

# 编后记

为记载古现的历史，弘扬优秀的文化，留住乡愁，古现街道党委、办事处根据中国地方志指导小组办公室（简称中指办）颁发的《中国名镇志文化工程实施方案（2019年修订）》，决定编纂《古现街道志》，并申报中国名镇志文化工程。编纂工作于2018年6月启动，街道党委和办事处将其纳入年度重大文化工程，专门成立编纂委员会，组成编纂工作班子，在组织领导、人员配备、工作条件和经费保障等方面给予全面支持。

编纂伊始，编纂人员认真学习研究中指办颁布的《中国名镇志文化工程实施方案（2019修订）》及附件，深刻领会文件精神，学习参考已出版的部分中国名镇志丛书。反复查阅资料，召开调查会，进行研究讨论，根据名镇志“名”与“特”的要求，确定《中国名镇志丛书·古现街道志》（简称《古现街道志》）定位于特色镇，本志下限至2019年。在此基础上，拟定《古现街道志》纲目，进行编撰。

在编纂过程中，编者查阅《福山县志稿》《福山区志》《烟台经济技术开发区志》《烟台区域文化通览》《王懿荣与王氏家族》《古现东村志》等旧志及当代地方志、文献以及大量时文、福山区政协文史资料丛书，对入志景点、遗址、部门进行现场调查、察看、走访，对入志资料进行查阅、采集、核实、取舍、归纳分类。经过反复斟酌探讨，征求意见，修改补充，于2019年年底形成初稿。初稿形成后，编纂人员按照《中国名镇志文化工程实施方案（2019年修订）》的要求查找不足，进行认真修改完善，针对发现的问题，在体例、格式、内容、文字、图表、照片等方面，对照规范要求，认真推敲、打磨，反复审核，力求准确、规范。至2020年4月底，全书总纂初步完成，报开发区史志办和街道办事处审阅，提出修改意见，编纂进入查漏补缺和进一步修改完善阶段。其后，根据区史志办和街道办事处及有关人员提出的意见，不断进行校核，查找缺陷短板，加以修改完善，力求保证志书质量符合要求。2020年6月中旬，在不断打磨完善的基础上，形成送审稿。

在《古现街道志》的编纂工作中，编纂人员多次走访王懿荣纪念馆，访问王氏家族研究专家吕伟达，参观磁山小镇、张裕酒庄、天马社区，探寻牟子国古城，查阅鲁菜文献，掌握第一手资料。

志书编纂过程中，得到中指办、山东省史志研究院、烟台市史志研究院、烟台开发区工委党群工作部、福山区王懿荣纪念馆、烟台张裕葡萄酿酒股份有限公司、烟台天马产业开发有限公司、烟台磁山集团等有关部门单位的大力支持和帮助，在此一并致谢。

本书照片除署名外，其余分别由古现街道办事处、烟台磁山集团有限公司、烟台天马产业开发有限公司、烟台张裕葡萄酒酿酒股份有限公司等单位提供。

编　者

2020 年 6 月

# 中国名镇志丛书

《周庄镇志》
《第一关镇志》
《钱清镇志》
《冶源镇志》
《甪直镇志》
《同里镇志》
《三阳镇志》
《枫泾镇志》
《李庄镇志》
《天穆镇志》
《虎门镇志》
《小榄镇志》
《北庭镇志》
《青木川镇志》
《永宁镇志》
《沙家浜镇志》
《虞山镇志》
《泽国镇志》
《南翔镇志》
《千灯镇志》
《东山镇志》
《巴城镇志》
《阳澄湖镇志》
《松口镇志》
《震泽镇志》
《黎里镇志》
《浏河镇志》
《锦丰镇志》
《寨市苗族侗族乡志》
《汤池镇志》（安徽）
《湾头镇志》
《中心店镇志》
《乌镇志》
《保安镇志》
《德凤镇志》
《瑷珲镇志》
《王家坪镇志》
《穆云畲族乡志》
《北京街道志》
《王村镇志》
《八一镇志》
《双林镇志》
《棘洪滩街道志》
《凤凰镇志》
《烟店镇志》
《光福镇志》
《梅李镇志》
《高家堡镇志》
《杨岭镇志》
《金港镇志》

《云梯畲族乡志》
《马口镇志》
《杨舍镇志》
《杨店镇志》
《河图镇志》
《浔中镇志》
《孤山镇志》
《汤池镇志》（湖北）
《伍洛镇志》
《汤家汇镇志》
《陇城镇志》
《塘桥镇志》
《兴隆华侨旅游经济区志》
《胜坨镇志》
《来凤街道志》
《木渎镇志》
《锦溪镇志》
《黄龙溪镇志》
《店塔镇志》
《镇湖街道志》
《北七家镇志》
《瓜洲镇志》
《安仁镇志》
《浦口镇志》
《唐崖镇志》
《和顺镇志》
《老城镇志》
《里耶镇志》
《芙蓉镇志》
《博鳌镇志》
《唯亭街道志》
《重安镇志》
《烔炀镇志》
《张谷英镇志》
《鸦滩镇志》
《玉皇庙镇志》
《木洞镇志》
《采育镇志》
《下司镇志》
《德平镇志》
《龙池镇志》
《浦市镇志》
《黄楼街道志》
《冉庄镇志》
《金庭镇志》
《石牌镇志》
《元和街道志》
《古现街道志》
《光塔街道志》
《邵伯镇志》
《石杨镇志》
《杨柳青镇志》
《天桥街道志》
《柘皋镇志》
《西沱镇志》
《咸水沽镇志》
《茶阳镇志》
《崖城镇志》